P...
à la douceur des choses

La mère est morte, le père fait le tour du monde, l'histoire a lieu de nos jours, il y a du soleil, puis un hiver et les orphelines ont pris des amants. Trois visages de femmes, trois sœurs. Pour deux d'entre elles, l'Homme est venu, il est là, l'un roux et l'autre artiste.

A travers le regard de la cadette, les scènes troubles, les querelles et les jeux des hommes et des femmes, leur ressemblance avec les animaux, tout apparaît basculé dans une vision des choses qui rappelle ces tableaux des primitifs où le sexe du cheval est plus gros que la rivière, l'église plus petite que le pied du paysan devant les barrières blanches...

Pourtant dans cette incohérence de la perspective qui met l'âme à l'envers, il ne manque pas un puits d'eau, pas une bottine de femme, pas un oiseau, pas un œil d'enfant, pas une croupe prise dans la lumière, pas une larme sur une joue de maîtresse.

Le prix Interallié 1976 a couronné le brio de cette éducation sentimentale contemporaine.

Raphaële Billetdoux est née à Paris en 1951. En 1971, elle publie Jeune Fille en silence *(bourse de la fondation Del Duca). Son second ouvrage,* l'Ouverture des bras de l'homme, *obtient en 1973 le prix Louise de Vilmorin. Enfin, le prix Interallié lui a été décerné en 1976 pour* Prends garde à la douceur des choses. *Puis elle se consacre à l'écriture et à la réalisation d'un film de long métrage* la Femme-Enfant *(hors compétition au festival de Cannes 1980). En 1981, elle revient à la littérature avec* Lettre d'excuse. *Elle prépare actuellement son cinquième roman.*

Du même auteur

AUX MÊMES ÉDITIONS

Jeune Fille en silence
roman, 1971

L'Ouverture des bras de l'homme
roman, 1973

Lettre d'excuse
roman, 1981
coll. « Points Roman », 1983

Raphaële Billetdoux

Prends garde
à la douceur
des choses

roman

Éditions du Seuil

TEXTE INTÉGRAL

EN COUVERTURE : illustration Denise Antonini

ISBN 2-02-008687-5
(ISBN 1ʳᵉ publication : 2-02-004491-9, broché ;
ISBN 2-02-004577-X, relié)

© ÉDITIONS DU SEUIL, 1976

à Gotte

Larme :
    goutte qui meurt en s'évaporant, après avoir témoigné.

    Dictionnaire des symboles.

1

A peine Catherine avait-elle laissé voir par la soudaine coloration de sa peau qu'elle accepterait de danser, le dîner cessait, leur mère impatiente, impudique à force de fierté, roulait le tapis, poussait la table contre la fenêtre, sortait les disques...

Nathalie regardait cette sœur en pyjama pour laquelle on préparait la salle à manger et qui, dans une simplicité rosée qu'il lui était bien facile d'offrir puisqu'elle était déjà en vedette, continuait solitairement sur sa chaise d'éplucher une orange. Seules les saccades nerveuses de son long cou au-dedans duquel, sans doute, se musclait son envol, trahissaient son bonheur et son effroi de se donner en spectacle.

Comme elle savait se faire servir, se faire

attendre, mettre leur mère à quatre pattes sur le terrain et sourire de gêne en même temps, alors que ces instants de gloire étaient, par un charme secret qui mettait Nathalie au comble de la rage, son œuvre de bout en bout !

Le vrai était que Nathalie, si elle eût été un homme plutôt qu'une sœur, serait tombée fou amoureux de Catherine.

Et elle souffrait confusément de ce sentiment, comme s'il existait déjà dans le cœur d'un homme qui n'aurait d'yeux que pour sa sœur aînée, ou encore comme si elle était elle-même cet homme que sa sœur, enfermée dans sa roseur, n'entendait pas. Elle trouvait féminin jusqu'au désespoir la réserve récente de Catherine à son endroit, alors qu'elle la connaissait de l'enfance tout aussi pleine de lacunes qu'elle, et d'attente à l'intérieur...

Nathalie se disait que, si elle avait été Catherine, la précipitation et le désir incontrôlé de leur mère lui auraient ôté, quant à elle, toute envie de danser. La mère, en effet, était devenue un peu comme un homme d'un soir jouant le tout pour le tout. Faisant fi des transitions, elle déshabillait la pièce de ses meubles avec franchise, mais elle ressentait qu'il aurait fallu le faire plus discrètement afin que Catherine ne reculât pas par un ultime sentiment de défense et vînt danser sur le tapis, gentiment, parce que cela faisait plaisir à tout le monde.

Aussi ses gestes encombrés où se disputaient l'orgueil, qui était son premier mouvement, et la pudeur que lui dictait la présence physique et silencieuse de ses trois filles à des âges critiques, avaient-ils moins de précision que les jours de grand ménage.

Nathalie regardait Jeanne, espérant un signe, du genre : « Cette Maman, vraiment ! » Mais Jeanne avait enroulé son mollet nu autour de la plus proche patte de la table et allumait une cigarette, en attente du spectacle, sans aucune arrière-pensée. Son père, les yeux jamais droits, réfléchissant des univers que Jeanne, Catherine et sa mère ne soupçonnaient pas, dodelinait un peu sur ses deux bras croisés en appui sur la table, comme pour s'exhorter au réveil jusqu'au moment où, frileusement, il lui faudrait lever les yeux sur une saynète de famille.

La musique commençait, Catherine enfonçait le haut de son pyjama dans le pantalon dont elle remontait ensuite l'élastique jusque sous sa poitrine naissante qui en resta toujours là

13

et, pieds nus au milieu de la salle à manger, improvisait sous les yeux étonnés de ses parents.

Elle avait déjà ce corps extravagant que personne n'avait décelé dans son corps d'enfant. « La chrysalide ! criaient d'une voix aiguë, quand il commença à fleurir, les derniers enfants des vacances en la pointant du doigt dès qu'elle apparaissait, un pied levé, lucide et malheureuse au bord de l'eau... la chrysalide ! non, non, on ne veut pas se baigner avec ça ! » Son long buste mince semblait avoir poussé, avoir puisé toute sa sève et son élan de — tel un oignon de plante — son gros derrière un peu bas dont elle tenait les fesses fermement serrées au même titre que sa petite mâchoire, cela moins par caractère que par une inquiétude générale. Car ce physique de point d'interrogation cul par-dessus tête était l'exacte expression de son esprit embrumé d'alors.

A voir son corps jouer soudain de toutes ses jointures et grandir vers le plafond comme s'il cherchait par quelle faille quitter la salle à manger des parents, parfois sentait-on un peu que Catherine étouffait à l'intérieur, mais plus souvent il semblait que c'était la musique, plutôt, qui trépignait, comprimée, retenue en foule entre ses jambes entre ses bras qui l'enserraient comme ceux d'une femme déjà perdue mais prête à tout... Puis ses quatre membres s'ouvraient, lâchaient la musique, la laissaient courir, s'égailler, devenir bondissante... Mais ce n'était que feinte, et elle courait comme une héroïne aux trousses de la fuyarde, débusquait la mélodie, se faisait sursauter elle-même. Elle restait alors dans la position de l'araignée, la musique se mettait à geindre de peur, tandis que la tarentule battait d'une patte d'un air détaché...

C'était là sans doute le miracle que croyaient entrevoir les parents lorsque Catherine voulait bien danser pour eux, qui la rachetait de sa démarche en crabe vers le lycée, laquelle mettait tous les autres jours des larmes aux yeux de sa mère la regardant partir. A travers tant d'innocence et de prescience, tant d'appels muets et de moqueries terribles dans ces gestes inventés, ils tentaient de déchiffrer quelque chose qui eût pu les renseigner utilement sur les secrètes difficultés à vivre de leur fille aînée. Mais à aucun moment ni le père ni la mère ni personne n'aurait pu jurer : « Elle a voulu nous dire ça. » Et la petite, malgré tous ses efforts, restait fondamentalement incompréhensible du fond de sa prison. Cependant chacun, les yeux rappelés sans cesse à la contemplation de ce bon derrière — dernier bastion de l'enfance autour duquel Catherine construisait toute sa danse —, sentait sourdement monter en soi, comme il arrive aux minutes privilégiées, une infinité de petites raisons merveilleuses qui justifiaient bien qu'on s'embête tous ensemble, qu'il y ait des matins et des soirs de recommencement et un jour la vieillesse, puisque aucun malheur n'avait jamais vraiment eu lieu dans la famille, que Catherine et Jeanne pouvaient tomber amoureuses d'une minute à l'autre, que leurs parents avaient passé l'âge de se quitter, que déjà les jours rallongeaient, que demain on mangerait des crêpes de viande à la tomate et que Catherine dansait, dansait...

Nathalie pensait avec plaisir au soir qui ne manquerait pas d'arriver, où Catherine danserait encore de toute son âme, non plus devant leurs parents mais chez elle, sur une moquette, dans son appartement de femme, sous les regards intelligents de l'homme avec lequel elle vivrait, parce que après le dîner, s'approchant du tourne-disque comme autrefois sa mère, il lui aurait dit en cherchant ses yeux : « Je t'en prie, Catherine, danse pour moi ! »

Car leur mère leur avait fait croire qu'à certains moments les maris suppliaient.

Ce désir du mari de voir Catherine danser était, dans la tête de Nathalie, directement inspiré de celui qu'elle sentait agiter sa mère à l'heure de mettre le corps d'une fille qu'elle avait faite en valeur. Mais le regard et la souffrance qu'elle prêtait à ce beau-frère encore tout de fumée, on les lisait clairement sur son visage à elle. Car Nathalie, bien qu'encore assise sur son petit fauteuil, âgée de neuf ans, le corps affaissé dans sa robe de chambre jaune, s'était par la force et la magie de la jalousie glissée dans le corps de sa sœur...

Elle s'appelait donc Catherine, elle avait ses bouts de seins de dix-huit ans sensibles derrière le pyjama et elle dansait dans la lumière sous les yeux de ses parents. Et ce qui restait de Nathalie sur le petit fauteuil était un homme un peu pâle qui aurait aimé plaire dans sa robe de chambre jaune et que la danse de Nathalie-Catherine faisait souffrir atrocement.

2

Nathalie qui, solitaire, penchée sur son bureau d'enfant revivait ces moments, s'aperçut qu'elle avait tourné les pages barbues du vieux livre d'images ouvert devant elle sans comprendre le sens de ce qu'elle lisait. Elle ne savait plus où elle en était. Elle tourna la tête du côté de sa joue la plus chaude et ses yeux tombèrent sur la scène du cochon qui refuse d'aller dans son champ.

Il couinait à faire peur. Sa maîtresse aussi forte et aussi rose que lui, la même tête, lui tirait la patte avec sa corde et le bourrait de coups de poing, mais rien à faire.

Il se coucha à l'ombre et se mit à souffler et à réclamer des caresses.

Les enfants l'ont dorloté, tapoté, il avait du mal à se remettre de tant d'incompréhension.

A la lumière de la mort de sa mère, Nathalie voyait toutes choses différemment. Des larmes lui vinrent aux yeux pour ce cochon qui ne pouvait pas parler, puis pour cette dame qui avait été une enfant elle-même et qui était maintenant obligée de s'entendre crier contre un cochon, et pour tous les autres malentendus de la vie. Les derniers rayons du soleil couchés sur le mur y étaient aussi pour quelque chose. Elle leva ses yeux embués et un peu étonnés de l'être, de l'autre côté de la fenêtre, vers les très hauts nuages de beau temps qui ne cessaient de changer de forme. Soudain dans la cour de l'immeuble éclata le cri d'un bébé qui n'en finit plus de monter... Elle reprit sa respiration pour lui et se sentit bien. Puis quelque chose sur sa manche, elle ne savait où, lui rappela l'odeur de son père. Aussitôt elle fureta avec ses narines et le nez dans sa laine, faisant peut-être un trop grand effort de respiration pour l'état de sensibilité dans lequel elle se trouvait, elle éclata en sanglots sur ses coudes, sans y accorder beaucoup d'importance.

Lorsqu'il vit que sa femme était morte, que Catherine était mariée et que Jeanne en avait l'âge, leur père se souvint qu'il n'aimait pas son métier de fonctionnaire et se trouva libre dans la tristesse.

Des années, au nom d'une amitié d'enfance avec le fils d'un riche épicier, il s'était fait croire et avait voulu faire croire à sa famille qu'il était fin cuisinier et, faute de le prouver jamais, qu'il était en tout cas très chaud pour mettre la main à la pâte. Mais chacune des trois filles, réfléchissant avec lui sur son avenir, se souvenait du visage hébété, des yeux d'enfant réveillé au milieu de la nuit qu'offrait leur père à leur mère lorsque, délibérément, un peu cruellement, elle le laissait tout seul ouvrir une boîte de conserve avec l'instrument. Elles revirent les soucis qui soudain plissaient son front, ses gros petits doigts d'homme qui touchaient la réalité avec étonnement, tournant et retournant la boîte comme si le problème de savoir dans quel sens l'ouvrir était ce qui l'empêchait de se mettre à la tâche ; puis le regard dépendant, mélancolique, amoureux alors, qu'il levait vers sa femme le surveillant du coin de l'œil. Mis au pied du mur, ce fut un choc pour leur père d'être obligé de reconnaître que ce don de créateur-cuisinier, aujourd'hui qu'il en avait besoin, ne lui servait à rien.

Il ne resta plus que son autre rêve dans lequel il avait longtemps menacé d'entraîner la famille par souci d'aventure avant la vieillesse : partir tous ensemble sur des routes étrangères, vivre en nomades. Il était le seul à le croire possible. Il avait raison puisqu'il fut le seul à partir. Auparavant, il revit son ami épicier de toujours, qu'il n'eut pas besoin de chercher. Il était là, à côté de lui. Ils posèrent leurs deux ventres ronds l'un contre l'autre. L'ami, sans rien dire, les yeux baissés, tripota un bouton du col du père, enleva une poussière sur son revers, le père de son côté lui soutenait le bras en le regardant avec des yeux de nouveau-né, il lui dépiauta quelques secondes le bas de la cravate, puis on les vit chuchoter, chuchoter...

... Catherine entra dans la chambre et Nathalie gênée, comme en s'étirant, repoussa loin sur la table devant elle les albums et les papiers du passé.

Mais Catherine aperçut dans la mêlée une lettre de sa mère et elle l'attrapa.

— Je n'ai pas encore lu celle-ci, dit Nathalie.
— C'est une lettre à Jeanne quand elle était allée seule en Corse avec Pierre, répondit Catherine en la parcourant. Elle a l'air drôle... Je te la lis.

Je viens de recevoir ta première lettre. La tête m'en tourne : ma fille a-t-elle le pied gelé ou risque-t-elle une insolation, est-elle en butte aux enlisements dans la neige ou aux naufrages en Méditerranée, l'âne Alexandre porte-t-il réellement un petit chapeau de missionnaire ? Les policiers ont-ils vraiment déclamé *l'Aiglon* au départ du bateau ? Est-il possible que Papé et Mamette aient sauté par-dessus les fauteuils afin de se rendre sympathiques ? Non, je ne sais plus où donner de la tête, il faut que je relise cette lettre, je n'en reviens pas, que de choses, que de merveilles, que de dangers, quelle joie ! Et tu réclames des nouvelles de nous ! Pour te rire sans doute de tes pauvres petits parents restés à l'attache, de ta mère derrière ses volets, mais va, va, rira bien qui rira le dernier, nous t'étonnerons encore ! Nous nous décidons justement à repartir vers une deuxième jeunesse. Et alors ce sera peut-être ton tour de t'inquiéter quand tu verras tes parents tout vêtus de dentelles bondir dans les névés en narguant les aigles, arracher les portières de la voiture et foncer tous terrains, semant derrière eux sur les routes les hôteliers en larmes, impuissants à les empêcher de courir vers leur funeste destin... Ma cadette, vous voici majeure ? Dois-je le croire ? N'était-ce pas hier que je courais vers la clinique ? Car ce jour-là aussi vous vouliez à toute force me quitter et voir le monde... Ma chérie pesait très lourd pour me faire honneur. Et Bonne-Maman disait : " Pourquoi t'être donné tant de mal ? C'est exactement la même que la première ! " Mais moi, je voyais bien que non.

Maman.

Elles se turent quelques instants. Et chacune voyant à travers la table les larmes monter dans les yeux de l'autre, elles s'ouvrirent leurs bras et s'y lancèrent violemment, éclatant en sanglots.

— Elle était bien, cette maman-là ! cria Nathalie.

— On n'a plus personne à qui dire quelque chose, dit Catherine. Et son nez pleurait dans la lumière.

— Toi, tu as ton mari, cria encore Nathalie qui retrouvait le bonheur d'être malheureuse tout haut et sans pudeur.

— C'est le contraire d'une mère, dit Catherine en relevant la tête en arrière.

Elles se berçaient depuis un moment, orphelines à deux âges dans leur maison natale, lorsque Nathalie se débattit :

23

— Attends, s'écria-t-elle avec espoir, il y a un post-scriptum...

P.S. J'ai acheté pour toi un joli chandail tout blanc qui fait ziwouiwoui au col et aux manches.

... Après la mort de leur mère, Catherine avait ressenti l'urgence de se marier. Mais quelque chose de troublé en elle lui fit confondre un peu les deux événements qui furent célébrés dans la même église, et elle mit longtemps à trouver familier le visage de son mari. Henri voulait voyager en France avant de se soucier de l'hiver et de l'avenir. Le mois de juin commençait. Catherine offrit à Nathalie de partager leur vie jusqu'à la rentrée des classes. Comme ni Jeanne qui restait seule, pieds nus, la cigarette aux lèvres, dans l'appartement parisien, ni le père qui avait déjà bouclé son sac de célibataire ne faisaient d'invite, Nathalie passa dans le camp du couple et la voiture démarra.

Le père avait seulement demandé qu'on le déposât au carrefour de la Belle-Epine. Après avoir décidé de partir, il était devenu très

humble, très effacé. Son dernier bonheur fut
de taire sa destination, d'un air mystérieux,
comme au restaurant où il obligeait toujours
tout le monde à décliner son menu avant d'an-
noncer en coup de théâtre le plat populaire
qu'il s'était choisi tout bas. Nathalie y entendait
alors le signal de la fête... Mais, lorsque le
père s'en alla tout petit et comme une boule
à travers le vide des champs, serrant ses lèvres
dodues avec courage, marchant soudain à la
manière de certains clowns parce qu'il n'avait
jamais eu le temps d'être un jeune homme,
Nathalie sur qui longuement à l'instant de cla-
quer la portière il avait levé ses grands cils
calmes, sentit qu'elle laissait partir quelqu'un
qui ne lui devait plus rien et à qui elle devait
tout. Et, au fond de la banquette arrière de
cette voiture où, comme tous les enfants, elle
attendait qu'on arrive, elle connut vivement la
première douleur d'amour d'une femme pour
un homme.

3

Depuis le départ, en Gâtinais, en Nivernais, en Vivarais, Catherine dort. Ils s'arrêtèrent pour la nuit à l'hôtel du Parc, dans l'Ardèche. L'époux fit remarquer qu'elle avait déjà traversé ainsi dans le sommeil tout le paysage anglais l'an dernier.

— Autrefois, tu avais mal au cœur pour protester contre tes parents, maintenant c'est pour protester contre moi, dit-il en riant lorsqu'elle ouvrit un œil, c'est tout à fait normal.

Henri était un gaillard roux et chaud, et le visage de Catherine qui n'avait pas suivi l'évolution de son derrière, tenait tout entier dans une seule de ses mains. Elle avait l'air résolu à être heureuse. Après le dîner, à l'heure de la cigarette, jetant par habitude un regard furtif sur la position de ses deux jambes comme si elles se distinguaient d'elle-même, elle releva sur son entourage, avec un peu d'absence, des yeux suffisants.

Cette petite lueur antipathique était un indice de convalescence touchant, après sa longue enfance inquiète. Henri qui façonnait ce corps à l'aisance et au contentement depuis un an déjà avant son mariage, crut, plus naïvement que vaniteusement en l'observant se regarder, qu'elle prenait du recul et reconnaissait son œuvre. Emu comme on peut l'être avant de créer, il sentit remuer en lui un élan d'auteur... Croyant la suivre à la trace dans ses pensées, le pauvre avait déjà quitté le chemin où elle s'avançait avec confiance et courait tout seul dans une simple ramification.

Aussitôt de retour dans la chambre, elle lui attrapa le lobe de l'oreille.

— Qu'est-ce qu'il a fait, celui-là ? Hein ? Venez voir, le vilain ! Qu'est-ce qu'il a fait..., dit-elle en le conduisant avec son épaule levée à travers la chambre.

Elle lui ouvrit la porte du cabinet de toilette.

— Il a installé toutes ses petites affaires..., dit-il piteusement.

— Oui. Et qu'est-ce qu'il a oublié ?

— De laisser de la place pour celles de la petite mouche.

Elle le lâcha et courut se tapir à l'autre bout de la chambre, où il la rattrapa.

« Tourne-toi, dit-il.

— Non, Henri, non, je t'en supplie !

— Bon, dit-il, alors montre que tu es redevenue gentille.

Elle mit ses bras autour de son cou, il tendit son oreille vers sa bouche et, tout doucement pour lui seul, tandis qu'il commençait à la bercer, elle fit le bruit de la mouche : zon... zon... zon... Et, tard dans la nuit à travers les fines cloisons de l'hôtel, Nathalie, du fond de son sommeil, les entendit rire, se taire et parler encore, si bien que plusieurs fois elle crut que le matin était là.

Le soleil était haut dans le ciel lorsqu'elle commanda par son téléphone privé un chocolat chaud.

— Est-ce que la chambre 14 a déjà demandé son déjeuner ?

— Non, lui répondit-on, ils ne sont pas encore réveillés.

... Elle entendit dehors les autres clients charger leurs bagages et les vit partir sur la route en ouvrant toutes les vitres. Le boucher apporta la viande pour l'hôtel et un chien aboya. Nathalie se glissa pieds nus dans le couloir et alla coller son oreille pour la seconde fois contre leur porte. Elle fit sa toilette, s'habilla, ferma sa valise et y retourna.

Cette fois, ils étaient bien réveillés. Un rai de lumière dessinait le bas de la porte sur la ratine du couloir. Elle les écouta dans l'ombre quelques instants rire de plus en plus franchement.

— ... Je peux venir avec vous ? fit-elle d'une voix faible en grattant la porte. Les rires cessèrent net. Il y eut un violent mouvement de drap et, dans le silence soudain, s'éleva, profond et régulier, un ronflement qui expirait comme une bouée crevée.

Elle descendit l'escalier sans s'en apercevoir et se trouva dans le hall de l'hôtel. C'était une grande salle très belle, arrondie par des plantes vertes où le soleil entrait en formes d'épées, illuminant le carrelage. Elle tomba dans l'un des gros fauteuils crapauds, dont le cuir jaune souffla sous son poids. Il fallut peu de chose, juste qu'elle laisse pendre sa petite main blanche de l'accoudoir avec un léger dédain, pour qu'elle imaginât être chez elle, dans sa maison de femme arrivée. Alors elle se sentit plus légère d'avoir quelques années de plus, et jolie, seule en ce matin de juin. Justement une douce odeur d'oignons au beurre venait merveilleusement des cuisines. Les domestiques étaient probablement en train de déjeuner avant tout le monde. Une vague de reconnaissance universelle la fit se lever de bonheur retrouvé, et marcher lentement la tête impatiente à travers son domaine. Elle vit un de ses gens s'installer au pied de l'escalier pour brosser son tapis rouge. C'était beau de sa part de concourir aussi à la perfection de cette matinée... De nouveau un sentiment de bonté, de gravité qui allait avec la propreté qu'elle ressentait partout autour d'elle en un jour où la lumière dehors était si pure, la porta, toute propriétaire qu'elle était, vers l'homme.

Nathalie le contourna respectueusement, puis, tirant bien sur ses longues jambes, elle monta l'escalier devant lui, très attentive à ne marcher que sur le marbre nu, le long de la rampe. Et elle ajouta par-dessus son épaule un bon sourire qui voulait dire :

« Voyez, je ne marche pas sur votre travail, il fait beau, nous nous comprenons... »

Mais voilà que sortit de sous cet homme de ménage courbé sur le tapis une drôle de voix enrouée et chuchotante, et Nathalie entendit dans ses oreilles : « Si je te reprends à marcher à côté du tapis, je te fais panpan cul-cul ! » Alors elle se lança à l'assaut de l'escalier et s'enfouit tout habillée, les yeux grands ouverts dans son lit.

Quelques instants plus tard, Catherine donnait deux coups contre la porte et tournait la poignée.

— Tu t'es enfermée ? cria-t-elle, et elle examina ses ongles. Nathalie en fut la seconde étonnée. Elle sauta du lit et courut à la porte. Mais la clef ne bougea pas sous l'effort de sa main. Elle changea de main, reprit l'autre, retira la clef, toucha sa forme géographique et la remit lentement dans la serrure tâchant d'imaginer son trajet. Enfin les larmes d'exaspération brouillèrent sa vue.

— Je n'y arrive pas, je suis enfermée, sanglotait-elle en pétrissant la clef comme un doigt froid.

— Calme-toi, dit Catherine. Fais ce que je te dis : enfonce-la d'abord d'un centimètre, et essaye vers la gauche, puis vers la droite... Tu y es ?

— Oui, dit Nathalie en reniflant. Mais c'est bloqué... Et elle pleura de plus belle.

— Nathalie, écoute-moi. Ce n'est rien, tu vas sortir, tu ne peux pas ne pas sortir, ça n'existe pas. Alors essaye de faire ce que je te dis.

Nathalie mit son œil plein d'eau contre la serrure. Elle reçut un courant d'air froid chargé de poussière avant de voir bouger sur le papier à fleurs du couloir le ventre revêtu de bleu ciel de sa sœur.

— Catherine, murmura-t-elle sans lâcher son poste, regarde dans la serrure...

Toutes deux regardaient calmement palpiter l'œil de l'autre dans la pénombre, le blanc, les cils et la prunelle, et peu à peu le chagrin d'être séparées s'endormait lorsque retentit la voix d'Henri.

— Mais qu'est-ce que tu fais, Catherine, tu perds la tête ?

Elle se releva d'un bond en arrière.

— C'est la chambre de Nathalie, dit-elle. Elle est enfermée...

Henri pensa qu'il était besoin d'un homme. Il lâcha les deux valises et, donnant un tour sévère au bouton de porcelaine qu'il retint dans son poing :

— Nathalie, dit-il, les jambes écartées, prêt

à foncer d'un chic coup d'épaule, ouvre-moi cette porte immédiatement !

Dans le silence, on entendit comme une souris qui travaillait, et deux claquements secs dans la serrure. Lentement la porte s'écarta, Nathalie rouge de chaud, fin prête pour le départ, apparut dans le contre-jour avec simplicité. Henri les considéra un moment à tour de rôle avec la consternation qu'inspire la folie et reprit ses valises tandis qu'elles tombaient dans les bras l'une de l'autre, mortes de rire.

Dans son sommeil, Henri avait un rêve qui revenait depuis l'enfance : il se jetait dans un fleuve et le remontait longtemps, longtemps, les yeux fermés, avec la hargne et la régularité des araignées d'eau, jusqu'à sa source. Là, se trouvant brusquement sans eau, le menton sur la terre, il se relevait et partait en courant tout nu à travers le territoire, à la recherche d'un autre bras d'eau...

Le jour, il disait simplement que les fleuves, les rivières le passionnaient. En voiture, il avait des ruses pour suivre leur cours, triste et vociférant dès que la route le forçait à diverger, et

criant de joie quand elle le ramenait le long des
rives à travers champs. Des fleuves il déduisait
les pays. Très tôt, seul ou avec des amis, en
train, à bicyclette ou à pied, il avait parcouru
les régions de France. Tout village ou presque
était un lieu de pèlerinage à son passé, qui lui
apparaissait crûment à la lueur du corps de
Catherine. Dans une célébration emportée, à la
mémoire de ses anciens amis, de ce qu'ils
avaient été, du concert de leur voix en mue
qu'ils poussaient à bout pour le plaisir de l'entendre s'érailler entre les murs des fermes,
Henri donnait à Catherine et Nathalie, à partir
de ces randonnées qui n'avaient pas manqué
d'instants misérables, de pluies et de dégoûts,
une magnifique et jalouse idée de ce que c'était
que des jeunes gens ensemble et sans elles. Et
chacune entendait bien dans ce chant comme
un pleur qui leur laissait penser une seconde
qu'Henri, peut-être, eût préféré en ce moment
que toutes deux fussent des garçons. Cependant, leur féminité qu'une ambition différente
maintenait en haleine en faisait d'excellentes
touristes. Ces deux sœurs buvaient des yeux le
volet blanc qu'il avait tiré, fatigué par la route,
tel soir de son adolescence, la porte de l'hôtel
par laquelle il était sorti cet autre matin-là,

cherchant à suivre, dans ses récits confus, où il allait, d'où il venait et avec qui. Car pour l'une il s'agissait du jeune homme qui allait devenir son mari, et pour l'autre d'un jeune aventurier qui avait alors son âge, et dont elle se reprochait d'avoir attendu, pour découvrir la France, qu'il grandisse, qu'il épouse sa sœur et les emmène en voiture. Mais tout à coup leur héros faisait un tour sur lui-même : ce n'était pas cet hôtel-là, c'était celui d'en face. Oui, il reconnaissait le volet blanc avec son espagnolette un peu dure, l'image matinale de la place du marché qu'il avait eue en sortant, toute l'orientation... Catherine et Nathalie laissaient retomber dans l'indifférence et la fadeur la façade de l'hôtel imposteur et, tandis que leurs regards se tournaient vers l'autre, petit sous son feuillage, abrité, finalement beaucoup mieux pour Henri, leur cœur se remettait à battre et à vibrer pour les nouvelles marches de ce nouveau perron.

4

Comme ils approchaient de Perpignan, Catherine se souvint qu'elle avait une amie qui ne
l'avait pas privée non plus de souvenirs... Henri
venait de clamer, rompant le silence habité
qui s'installe au fil des kilomètres : « Nous
voici dans les Pyrénées-Orientales ! »

Perdue de vue depuis la classe de troisième,
l'auréole de Françoise était restée intacte. Mais
de ces deux mots « Pyrénées-Orientales » suin-
tait encore la douleur de voir partir là-bas son
amie, qui serrait autrefois le cœur de Catherine
à l'arrivée des grandes vacances.

Lorsque Henri n'éprouvait pas le besoin de
s'éclaircir la gorge en nommant les évolutions
de la campagne, pour Catherine derrière sa
vitre les monts, les pics, les plaines et les fron-
tières n'étaient pas d'une lecture immédiate.
Souvent ces sons gutturaux par lesquels il dis-

séquait le paysage la heurtaient. Pour elle, depuis le départ, c'était toujours le même qui se déroulait jusqu'à la mer... Cette fois pourtant elle fut saisie à l'aboiement d'Henri d'un mouvement chaud qu'elle prit pour du bonheur.

— Ce n'est pas par ici qu'on porte des espadrilles ? dit-elle d'une voix de rêve après deux heures de mutisme.

Elle avait avec les Pyrénées-Orientales, pour avoir écrit P.-O. sur les enveloppes qu'elle envoya à Françoise pendant cinq étés, pour l'y avoir imaginée et avoir attendu qu'elle en revienne, un lien privé qui était un privilège sur sa sœur et son mari, tout comme au théâtre lorsqu'on peut se flatter dans l'ombre de connaître l'un des acteurs et la réalité des coulisses.

Elle eut un peu mal d'abord, du mal que lui faisait Françoise qui n'était pas innocente, chaque fois qu'elle disait avec ses yeux verts : « Moi, je suis née en Catalogne... »

Puis, tandis qu'Henri faisait pipi sur le bascôté sans se douter de la noblesse du terrain, toute une poésie bafouillante faite de surprise et de timidité lui monta à la bouche, de se dire : « Je-suis-en-Catalogne... » Elle lançait en l'air le nom magique, essayant de mesurer de tout son être incrédule les nouveautés qu'il recouvrait...

« Je suis en Catalogne..., mon pied touche la terre de Catalogne », répétait-elle lentement, râpant sa semelle sur la route goudronnée, et Henri qui assez naturellement s'y sentait de plain-pied se demanda à l'occasion si Catherine n'était pas un peu sotte.

Seul le nom du village où habitait la grand-mère de Françoise échappait à sa mémoire. Henri déplia la carte et enferma dans un cercle tous les villages possibles de la région. Quelques minutes plus tard, Catherine fixa son doigt et releva la tête, elle criait au comble de l'excitation : « Ponteilla. » Curieux de voir celle qui avait pu être l'unique amie de cœur jamais remplacée de sa femme, celle pour qui, à l'âge de douze ans, elle disait être passée par toutes les souffrances déjà de l'amour et de la jalousie, Henri souriant tourna volontiers le volant dans cette direction.

Ils arrivèrent à Ponteilla vers une heure de l'après-midi. Devant chaque champ de vigne, chaque tournant de la route, chaque talus qui précédèrent cette arrivée, Catherine pensait fortement : « Là, elle a couru, là, elle est tombée, là, elle a des souvenirs... » Mais Henri conduisait trop vite la 2 CV qui entra comme un char brûlant dans le village silencieux, et s'arrêta net en soufflant sur la place découpée par le soleil.

Elle descendit sans le regarder, sa robe collait à ses bonnes cuisses sous la transpiration, un vent frais agita les feuilles des gros tilleuls et, lorsqu'elle respira largement en faisant quelques pas loin de la voiture, la tristesse coléreuse qui pesait sur sa poitrine se changea en nausée... Un chien aboya. D'une maison à l'autre, derrière les volets tirés, flottaient des odeurs de cuisine. Mais le village semblait vide. Sur la route obscurcie par l'ombre en angles des façades, pas un homme, pas un enfant à qui demander la maison de la grand-mère de Françoise dont Catherine avait aussi oublié le nom. Seuls, le bruit taraudant des cigales, les sursauts d'un bout de fer poussé par le courant d'air jouant entre la petite école et la poste fermée... Henri traînait du côté de l'église, la tête levée comme un vulgaire touriste, jugeant sans doute que, maintenant qu'ils étaient sur place, ils avaient tout le temps. Bientôt les persiennes seraient abaissées doucement de l'intérieur, l'assoupissement serait total. Enfin d'un beau mouvement, il l'emmena par les épaules regarder sur le monument aux morts au milieu d'une ronde de cyprès si un nom lui rappelait quelque chose. La main d'Henri sur sa petite nuque n'avait pas de poids. Elle fut surprise dans sa solitude de ce geste sur elle. Elle s'en défit et franchit la grille. Ses cheveux lui tenaient chaud.

Au hasard de leurs pas, ils entendirent des voix d'hommes bourdonner dans un trou noir derrière un rideau de rubans multicolores. Au-dessus, la couleur des lettres CAFE avait passé sur le crépi jaune ensoleillé. Précédés de Nathalie, militaire et victorieuse, deux cantonniers sortirent, bien plantés sur leurs grosses chaussures dont le poids au sol, seul, les retenait de tomber à la renverse.

Catherine fut très émue d'entendre, au fin fond de la France, le nom familier et doux qui venait entre Barnave et Barnéoud dans l'appel de la classe 6ᵉ A 4 et qu'elle venait de demander sans grand espoir, revenir à ses oreilles tout nappé d'un accent roulant et d'effluves de pastis, certes, mais du tac au tac. La joie, la folie de se savoir maintenant si proche du but, de Françoise qui était peut-être en maillot de bain dans le cerisier du jardin sans se douter de rien, mêlées à une véritable reconnaissance pour ces deux hommes qui avaient sans doute réparé sa bicyclette quand elle était enfant, firent qu'elle devint sous les yeux d'Henri sinon vulgaire au milieu de cette place, du moins très familière dans ses remerciements qui n'en finissaient pas ; on eût dit, pensait-il, une de ces femmes au foyer qui viennent acheter un œuf pour parler deux heures avec la crémière.

C'était l'avant-dernière maison du village, lequel s'arrêtait brutalement au bord d'une terre d'où partaient, en divergeant dans la lumière, des rangs de vigne jusqu'à l'horizon. Elle était peinte en vert foncé, agrippée par un gros pied de vigne à gauche de la porte, mais tous ses volets étaient fermés.

Catherine restait les mains accrochées à la moustiquaire de la porte qui avait retenu dans sa grille comme une odeur de fromage frais. Henri étudiait l'architecture de la façade et Nathalie sur la route gémissait gentiment pour sa sœur lorsque apparut, sa serviette de table à la main, la voisine soupçonneuse.

— Qu'est-ce que c'est ? fit-elle, et son sourcil froncé leur barrait le passage.

Catherine répéta le nom de la famille.

« Laquelle de ces personnes, Françoise, Alain, les parents ?

Elle apprit brutalement, comme à la campagne, l'existence du mari et des deux enfants

qui étaient passés par le corps de Françoise...,
ce petit corps qui se cachait derrière les marronniers de la cour de récréation pour lui faire
croire qu'elle était abandonnée.

« Comment vous vous appelez ?

Pour Catherine cela n'avait plus grande importance, elle lâcha son nom de jeune fille avec
lassitude... Il se trouva qu'on la reconnut :
Françoise, que la voisine avait vue naître et
devenir maman, parlait toujours de son amie
Catherine, elle n'arriverait avec les enfants que
le mois prochain, il fallait entrer et lui laisser
un mot.

Comment Françoise avait-elle pu donner naissance à un gros enfant deux fois de suite sans
éprouver à aucun moment l'envie de l'appeler...,
pensait Catherine.

Dans la cuisine où ils interrompaient son
déjeuner, la voisine parlait à tue-tête : le mari
était brun, ingénieur, haute situation, les enfants étaient forts... Le crayon à la main, Catherine, intimidée soudain à l'idée qu'elle s'adres-
sait à Françoise, cherchant la phrase que seul
un sourire après dix ans de séparation aurait
pu exprimer, avait la tête tournée. Elle trouva
les yeux d'Henri, qui se tenait avec un peu d'impatience dans le couloir frais.

— Qu'est-ce que je mets, dit-elle d'un air d'excuse.

— Tu mets ton numéro de téléphone, la date et tu signes.

Lorsqu'ils eurent quitté Ponteilla, Catherine et Henri étaient fâchés.

— Je n'ai pas eu le temps d'écrire ce que je voulais, cria-t-elle. Toi, c'est ta nature, tu n'exprimes jamais rien, tu es un froid, un matheux... !

— Mais qu'est-ce que tu voulais ? cria-t-il méchamment, faire de la littérature ? Cette fille ne t'a pas fait signe depuis dix ans, tu n'as pas à te jeter à sa tête ! Garde ta dignité, tu ne sais rien de ce qu'elle a vécu depuis, tu n'en sais rien...

5

Catherine garda surtout son envie de pleurer. Elle avait laissé son visage se durcir à la droite d'Henri, et pris inconsciemment l'air d'Egyptienne que prenait quelquefois sa mère durant des kilomètres pendant les voyages en voiture...

— Selon vous, elle fait la gueule ? attaquait le père au bout d'une heure de silence en se retournant vers les enfants. Alors la mère, à qui on ne parlait pas, lâchait le point qu'elle fixait droit devant elle sur la route, tournait doucement la tête contre sa vitre et pleurait sans bruit.

Mais Henri ne dit rien, ne fit rien. Et, lorsqu'ils s'arrêtèrent à Céret pour déjeuner, la turbulence intérieure qui raidissait les épaules de Catherine s'apaisa d'elle-même avec la tension du moteur et au souffle d'air tout chargé de la vie du bourg qu'elle respira en ouvrant la portière. Nathalie alla glisser sa main dans la sienne, elles se regardèrent avec confiance. Elles aperçurent sous un porche des jeunes gens et des jeunes filles qui répétaient dans une ronde les pas de la sardane pour une fête prochaine. Catherine repoussa l'image des petites chevilles dansantes de Françoise dans la galerie du lycée et suivit Henri qui, soucieux et responsable, cherchait un restaurant. Pour les deux premiers il était trop tard. Ils s'attablèrent à un troisième qui imposait des charcuteries, du vin et des plats en sauce.

— Tu avais faim..., dit gentiment Henri à Catherine en regardant son assiette. Il faut me le dire quand tu as faim, au lieu de faire des colères... J'ai déjà remarqué que tu ne savais pas t'occuper de ton corps, tu ne sais pas ce dont il a besoin. C'est mon travail ça... et il lui servit du vin.

« Bois, dit-il avec conviction.

Sous le regard attentif et souriant d'Henri elle porta le verre à sa bouche ; elle se sentit petite, mignonne et fragile, bien qu'elle ne se souvînt plus de la bêtise qu'elle avait faite. En même temps ses yeux tournèrent comme ceux des enfants qui regardent ailleurs quand la cuillère avance vers leur bouche, et suivirent au passage les mollets ronds de la serveuse, son derrière, dont une fesse après l'autre faisait voleter et rebondir deux des trois plis d'une jupette noire. Au retour, elle offrait des joues rougissantes, des cils noirs en paillasson et deux seins mûrs avec lesquels elle était obligée de s'entendre pour ajuster son plateau dans ses allées et venues, et dont le poids médusé sur son petit corps travesti d'un tablier à volants et de tous les autres signes de l'obéissance donnait la mesure de son innocence quasi animale et de la profondeur de sa solitude intime.

Ainsi apparaissait cette poitrine à Catherine, qui n'avait pas ce souci. Contrairement à Jeanne qui avait attendu, exhorté, fêté la sienne presque un an avant qu'elle ne montre signe de vie, Catherine n'y avait jamais pensé avant de comprendre qu'elle n'en aurait pas. Mais elle jugeait secrètement que ce silence entre ses bras, loin d'être le fait d'une pauvreté ou d'une distraction de son corps, était au contraire la marque du goût profond qu'elle avait toujours eu pour la danse, qui s'était enraciné en elle au point de séduire la nature et la convaincre de l'outiller du buste lisse et bombé du cygne...

Elle estima donc que, telle quelle, elle ne le

cédait en rien à la jeune serveuse. Cette maturité, cette arme que la serveuse avait au-dehors
n'était que le juste pendant des dispositions
qu'elle-même avait plutôt dans l'esprit... Tel
était le partage entre les femmes de ce monde,
que les unes étaient douées d'une féminité tout
extérieure et les autres tout intérieure... Et
celles-là, moins pourvues et autrement rêveuses,
avaient souvent une nature d'artiste. Tout petit
manque, tout petit courant d'air dans la vie
d'un être était une ouverture à l'inspiration.
Le sentiment du vide à l'emplacement de sa
poitrine l'insufflait au point de lui donner le
désir et le pouvoir de s'élever légèrement sur la
pointe des pieds et de danser. Il était normal
que les femmes plus comblées par la matière
n'éprouvent pas ce besoin de s'envoler et se
satisfassent inversement d'inspirer les artistes.

Mais dans le quotidien, et selon la première
impression qu'elle donnait, cette jeune fille
devait tout de même être assez malheureuse de
se sentir tellement offerte aux regards, tellement peu à l'abri, puisque son corps si expres-
sif la trahissait brutalement de tous les côtés...
Ce devait être fatigant d'avoir son être toujours sorti, et toujours en position par son élo-
quence naturelle de laisser croire à n'importe

quel homme un peu vaniteux que ces formes toutes tendues vers autrui sont pour lui, que la jeune fille lui dit personnellement quelque chose... Elle se tait, elle fait son travail, elle se croit seule et tranquille sous ses cils baissés et, en fait, elle est au centre de dix interlocuteurs échauffés. Chacun se croit en tête-à-tête intelligent avec elle..., elle marche, elle se penche un peu en avant, elle se retourne avec impatience, elle écarte lentement un bras, elle se baisse jusqu'à terre pour une cuillère tombée : sa complicité n'a pas de limites. Le plus terrible — ce qui faisait le plus de peine à Catherine — était qu'elle ne se rendît pas compte que ses seins tressautaient, ondulaient sur eux-mêmes dans un mouvement marin et en même temps se secouaient de droite et de gauche sous l'énergique cadence de ses talons sur le sol. Si quelqu'un avait le courage de l'en prévenir, elle trouverait peut-être un moyen de marcher moins vite ou un bandage approprié... Une telle maturité physique était en contradiction avec le métier servile qu'elle faisait qui l'obligeait à courir sur elle-même, à mener sans égards et trop vite dans l'espace quelque chose qui devait se déplacer lentement et avec noblesse... Allongée sur un lit ouvert et nue dans des draps blancs, la jeune serveuse devait avoir de l'autorité. Peut-être la suppliait-on ?...

C'est alors qu'un glapissement ramena brutalement Catherine à son cas précis.

— Tu chauffes le vin, Catherine ! criait Henri exaspéré. Pourquoi fais-tu ça ? Qu'est-ce qu'il y a qui ne va pas ? Tu veux de l'eau, tu veux un soda, c'est ça ?

Sans s'en apercevoir elle avait attaché sa main fiévreuse autour du cou de la bouteille afin que montât dans son bras un peu de fraîcheur...

Lorsque Henri vit combien il l'avait peinée, et par deux fois dans cette journée, il fut pris du besoin de faire une courte sieste avant de reprendre la route.

— Mais non... Mais pourquoi..., redit Catherine titubant du sommeil d'après la digestion, et fermant la porte de la chambre derrière elle.

— Parce qu'il fait chaud..., que tout le monde se repose à cette heure-ci dans le Midi, dit faussement Henri qui retirait le dessus-de-lit à fleurs.

Derrière les volets fermés mais lumineux, ils entendaient le tournis régulier d'un jet d'eau et des pas qui écrasaient les graviers du jardin.

Il n'y avait que trois chambres dans l'hôtel, Nathalie n'en avait pas voulu pour elle. Ils enlevèrent leurs sandales chacun de chaque côté du lit, tous leurs habits et se glissèrent en silence dans les draps à peine frais.

— La petite mouche est contente, murmura Catherine les yeux déjà fermés, en blottissant son museau contre lui et elle amorça l'ouverture d'un profond bâillement.

Mais les poignets d'Henri enserrèrent durement les siens qu'elle avait arrondis l'un au-dessus de l'autre contre sa bouche, et d'un seul coup la retournèrent tout entière sur l'oreiller.

— Tu avais ton cul sur la figure, tout à l'heure, lui murmura-t-il de tout son poids sur elle, le nez enfoncé dans ses cheveux.

Catherine ne bougea pas, ne dit rien. A bien y regarder, elle dormait déjà.

6

Nathalie, restée seule, s'installa à une table du jardin avec un stylo et des cailloux pour protéger du vent les premières feuilles de sa lettre à Jeanne qu'elle comptait arracher à son bloc d'un large mouvement, au fur et à mesure d'une écriture emportée.

La plénitude de son estomac et particulièrement la dernière note sucrée qui fermait la procession des aliments lui donnaient toujours, peu après et dans la perspective de l'après-midi, une certaine félicité qui se traduisait en velléités d'amour... C'était l'heure où, à Paris, elle se mettait à dessiner, venait tourmenter ses sœurs pour qu'on la câline, voulait inventer un nouveau dessert pour le dîner du soir, ou pleurait avec délice dans la nostalgie de la personne qu'elle serait plus tard.

Elle était contente que Catherine et Henri

se fussent retirés, ayant maintenant sur eux la supériorité d'être éveillée. Se dandinant d'une cuisse sur l'autre au moment d'y mettre de l'application, elle fit commencer son récit là où cela plairait à Jeanne, au couvent de Saint-Gildard à Nevers où ils étaient allés regarder Bernadette Soubirous que l'on y conservait sous verre en qualité de sainte.

« ... Pouvoir la dévisager en son absence, minuscule et si tranquille après tout ce qui lui est arrivé — ses lèvres, ses narines immobiles, son front —, ayant seulement perdu les grosses joues qu'elle avait lors des apparitions et ses sourcils fournis des Pyrénées... Penser qu'elle a vécu trente-cinq ans à l'étroit dans ce corps et que s'y posent maintenant comme des mouches à trompe les regards des gens de passage dans la Nièvre, des plus vulgaires aux plus incroyants, qui font tout haut leurs commentaires : " C'est la petite de Lourdes qu'on a mise là ? Pas croyable, elle est pas plus grande que ton fils ! "... Imaginer ce matin où les médecins chargés de constater l'évolution de la mort trente ans plus tard, et les adjoints au maire avec leur fine moustache accompagnés de trois chanoines sont venus ouvrir son cercueil et la déshabiller... Et voilà que bêtement, sous leur haleine et leurs souffles chauds, la peau de son visage et de ses mains qui était restée d'un blanc parfait, noircit. Sur ses bras saillaient encore quelques veines. Ses petits cheveux coupés court sous le voile humide de son Ordre collaient à son cuir chevelu comme des fougères dans la pierre. Ses lèvres cireuses et dures étaient entrouvertes juste assez pour avoir laissé passer son âme entre ses dents encore chaussées dans la gencive, et telles que la mort les avait arrêtées dans leur bredouillement de souffrances et de prières... Tout ce qui avait été vivant était resté intact. Au contraire ce qui n'avait pas eu de vie avant d'entrer dans le cercueil avait moisi et proliféré : le chapelet en bois ordinaire que tenaient ses mains croisées haut sur son cœur s'était couvert de lichens et de champignons bleus à bulles incrustées. Ils la remirent pour cette fois dans son cercueil avec un chapelet incassable. Mais des dix ongles qui avaient gratté la terre pour que jaillisse la source, il n'en restait plus que neuf, le dernier ayant été arraché par les chanoines émus de laver un corps de sainte. Trois fois de suite dans le siècle, autant qu'elle avait reçu d'extrêmes-onctions dans sa vie raréfiée, ils retournèrent la voir. La troisième fois, comme ils savaient que c'était la dernière, ils éprouvèrent avant de la coucher sous son verre le besoin d'emporter des reliques : ils lui prirent sa cinquième et sa sixième côte, la moitié de son foie dont la consistance leur parut surnaturelle, et ses deux petites rotules sur lesquelles elle avait tant prié, surtout celle du genou droit dont la tumeur blanche lui avait fait si mal... Et ils auraient bien voulu prendre aussi le cœur mais Mgr l'Evêque ayant fui les regards de désespoir qui s'étaient tournés vers lui après l'interdiction de la Révérende Mère générale, ils rabaissèrent leur bras déjà levé au milieu de leurs dégâts. Ils en avaient fait plus en un jour que la mort elle-même en près d'un demi-siècle.

« De l'autre côté du cloître on trouvait, perclus, condamné derrière une cordelette dorée, son grand fauteuil de l'infirmerie dont le velours rouge était comme brûlé d'avoir reçu son dernier soupir... Et tout autour, de sorte que si elle avait dû se réveiller elle n'aurait eu qu'à rassembler ses petites affaires pour s'enfuir, son fer de poupée pour repasser les images divines et les dentelles pieuses ; épinglés au mur, son sac de toile bleue du temps des moutons, ses gros bas de laine, ses chaussures luisantes et épatées sur lesquelles elle avait couru en secret à ses rendez-vous avec la Vierge et le tablier à rayures dans lequel elle Lui apparut... »

Finalement il ressortait que ce qu'il y avait eu de vif et de saint en ce corps était précisément ce qui n'avait jamais pénétré dans la châsse, ses habits n'en avaient gardé aucune odeur, aucun brin d'herbe, et Nathalie se dégoûta de son récit qui tendait à filouter Jeanne autant qu'elle avait essayé de l'être elle-même.

Elle mit des cailloux partout sur les pages et alla dans la salle vide du restaurant voir s'il était possible de commander une orangeade. Au retour, et comme il lui fut répondu dans une odeur de serpillière et de vaisselle qu'on la lui apporterait dehors sur plateau, elle pensa que cet attelage devait la trouver comme toute jeune femme heureuse et en vacances, dans un transat. Et, se félicitant de savoir si bien vivre, elle courut derrière l'hôtel du côté des garages. Elle souleva une première porte rétive qui ne cachait que quatre énormes poubelles et un chat qui s'enfuit. La deuxième, qui s'écartait d'elle-même sous le courant d'air, révélait un ping-pong et des bicyclettes. Il y avait cette odeur de toiles d'araignées sur les murs en grosses pierres grises toutes sablées, mêlée à celles de la sciure et de l'huile pour mécaniques. Ses yeux s'habituaient peu à peu à l'obscurité ; devant, dans l'ombre, les garde-boue des bicyclettes brillaient. Il aurait pu y avoir des chaises longues. Elle avança vers le fond de la salle et se haussa sur la pointe des pieds au-dessus des barreaux de la porte communicante.

Cernée par une mer de bouteilles vides qui s'avançait sur le sol, les yeux lourdement fermés, la tête à la renverse, arc-boutée contre les pierres du mur où s'agrippaient ses cheveux comme des fils de salive dans la lumière oblique, la jeune serveuse du restaurant avait son chemisier noir grand ouvert. Son soutien-gorge mou relevé jusqu'au menton et lui striant le bas du cou avait lâché sous son élastique détendu deux gros seins blancs que la main d'un homme accroupi devant elle, le visage enfoui contre sa jupe en bouillonné sur son porte-jarretelles marron, fouillait aveuglément. De sa main libre elle lui tenait le haut des cheveux comme pour l'apaiser, car de l'autre elle se retenait au mur pour ne pas perdre l'équilibre sous les coups de tête silencieux qu'il donnait entre ses jambes. Soudain il abandonna sa poitrine. Et, passant ses deux mains sous elle, il leva les yeux vers son visage et ce qu'elle aurait pu dire, tandis que, d'un mouvement brusque, il abaissait jusqu'aux boutons des jarretelles sa culotte parsemée de roses fanées... Alors dans les tremblements de la lumière verte diffusée par les bouteilles, pendant que Nathalie reconnaissait la couleur de la chemise qu'Henri avait mise aujourd'hui, les boucles de ses cheveux, le profil de son nez, Henri tout entier, la jeune serveuse se débattit, voulut rattraper sa culotte, s'accroupit sur elle-même, se fit plus lourde qu'elle n'était. Une hirondelle entra en criant et ressortit aussitôt.

— Tu es bête, on a le temps, suppliait tout bas Henri qui ne parvenait pas à la relever.

— Je ne veux pas, je ne veux pas, je ne veux plus..., répéta-t-elle pliée sur ses genoux sans le regarder.

Un peu plus loin, devant la porte de la remise, un petit peuple d'orties secouées par le vent se pressait au bord du sol en ciment en hochant leur tête blanche. Nathalie eut le sentiment qu'elle était en faute et elle s'en alla.

7

A l'heure où ils reprirent la route, le grain
de l'air, de la lumière, des couleurs de la journée s'était affiné, et tout le paysage soulagé au
sortir de la grande chaleur semblait aussi
reposé qu'eux. Le petit vent qui soufflait était
plus frais, caressé dans certains de ses courants
d'une odeur de fumée végétale qui faisait rêver
déjà au repas du soir... Henri et Catherine de
chaque côté de la voiture roulèrent la capote
et ils se moquèrent de Nathalie qu'ils découvrirent dessous, jaune et pareille à la bête qui
a vu le toit de son terrier s'envoler sous un
coup de pied.

La 2 CV dansait sur la route. Catherine avait
des mèches de cheveux vivantes qui venaient
se coller sur son visage et sur sa bouche, et
lentement de temps à autre, en s'en fichant, elle
les ramenait derrière ses joues d'une main

pleine de lointain, de femme qui se sent aimée.

— Tu mets la musique, Nathalie ? demanda-t-elle en se retournant.

— A condition que tu me prêtes ton alliance, répondit Nathalie.

Catherine l'enleva aussitôt.

— Ne la laisse pas tomber, cria-t-elle dans le vent, le plancher est complètement étoilé.

Henri passa son bras autour du fauteuil de sa jeune femme et ils se sourirent.

— Maman ne pouvait plus enlever la sienne, dit toute seule Nathalie en enfonçant l'anneau à son doigt. La bataille du vent et l'alternance brutale de l'ombre et de la lumière au rythme des platanes lui tournaient un peu le cœur. Sous les manteaux à côté d'elle, elle trouva une cassette et l'enclencha dans le lecteur.

Alors Catherine baissa les deux fines bretelles violettes de ses épaules pour mieux les offrir au soleil et laissa aller sa tête contre l'épaule d'Henri. Ils se serrèrent plus fort. Henri se pencha vers son visage aux cils fermés recourbés par le vent et elle lui tendit ses lèvres, l'un jouant à ne pas diminuer la vitesse du véhicule au sein d'un baiser d'amour, l'autre à détourner le plus longtemps possible le conducteur de sa rigoureuse fonction.

— Où va-t-on maintenant ? chuchota-t-il dans sa bouche.

Elle fit mine de retomber dans un sommeil subit, puis elle murmura :

— On pourrait s'arrêter quelque part...

— Quand ? Maintenant ?

— Oui, dit-elle avançant une épaule.

— Mais où veux-tu ?

— N'importe où..., fit-elle, en ne le regardant plus. Dans un champ.

— Tu n'as pas compris ma question, dit-il en riant. Il nous reste vingt jours : quelle-sera-notre-prochaine-direction, le sais-tu ?

— Ah ? dit-elle en se redressant. Mais je réponds la même chose.

— « Dans un champ » ?

— Non, une maison qu'on louerait une semaine pour bronzer et se reposer un peu...

Elle n'avait pas fini sa phrase qu'elle sentit un poids dans ses cheveux. Elle porta la main à sa nuque.

« Tu me fais mal, Nathalie, arrête ! cria-t-elle.

Henri tourna la tête le temps d'une seconde et aperçut le visage de sa petite belle-sœur livide et couvert de plaques rouges boursouflées. Avec cette rapidité des hommes aux moments difficiles, qui fait monter les larmes aux yeux, il arrêta sans un mot la voiture sur le bas-côté et en fit le tour en courant pour lui ouvrir la portière :

— Tu as envie de vomir, lui dit-il tristement. Viens vite.

Mais Nathalie lança un violent coup de pied dans le vide et rattrapa sa portière.

— Toi, ne t'occupe pas de moi ! hurla-t-elle, dressée, les deux mains sur le squelette du toit, tu ne nous connais pas, tu n'es pas de la famille !

Elle fondit en larmes et rangea sa tête sous le menton de sa sœur qui s'était tournée sur son siège et dont le nez rougissait sous la rapide montée des larmes, comme chaque fois qu'elle voyait quelqu'un pleurer.

Catherine descendit la tête baissée et, toujours en regardant la terre, emmena sa sœur s'asseoir dans l'herbe loin de la voiture, la première reniflant, la seconde se grattant de tous côtés, chatouillée par une goutte salée derrière son oreille, un cheveu esseulé, une mauvaise humeur qui la piquait partout.

Les plaques rouges avaient subitement quitté sa figure mais renaissaient en un instant sur ses bras et sous sa chemise indienne.

— Tu aurais dû faire la sieste avec nous, dit

Catherine au bout d'un moment. Tu as encore mal au cœur ?

— J'ai mal au cœur ?

— Pourquoi fais-tu de la peine à Henri, tu m'avais dit que tu l'aimais bien.

— Il y a des bêtes dans sa voiture.

— Oui, dit Catherine, ça se voit. Il ne faut pas te gratter, moi je pense plutôt à une indigestion.

— Vous n'avez qu'à rouler moins vite.

— A condition que tu me rendes ma bague, dit Catherine.

Nathalie eut un sursaut de rouge : elle ne savait plus ce qu'elle en avait fait.

— Attends, supplia-t-elle, en secouant ses mains, je vais retrouver !

Ce fut Catherine qui découvrit l'alliance, cerclant l'orteil herbu et boueux du pied gauche de Nathalie, comme un roi naufragé étranglé par sa couronne.

— N'a-t-elle pas reçu un choc nerveux ? demanda, ridé et pensif, le docteur du premier village...

Catherine pensa aussitôt à la mort de leur mère survenue quatre mois plus tôt. On expliqua à Nathalie que son corps en vacances ne se défendait plus comme à Paris et que cet urti-

caire géant, bon signe de détente, était sa façon
à lui de rejeter les tristesses du cœur et les
secrets difficiles à porter.

Le lendemain, ils trouvèrent une maison tout
en plâtre et en tomettes rouges dans la campagne d'Arles. A droite de l'entrée, une immense
cuisine, sur la gauche, un salon vieillot et sombre tapissé de velours grenat malgré la proxi-
mité de la mer et la blancheur du soleil. Entre
les deux atterrissait dans le couloir, venant des
chambres fraîches, un escalier extrêmement
raide, à très hautes marches bordées de bois.
Quelque part au milieu, une des tomettes était
cassée et sonnait sur son ciment d'une manière
qui devint vite familière et nécessaire aux sons
des journées et à leur gaieté. Une tonnelle assez
serrée faisait un ciel de vigne au-dessus du pas
de porte noyé par les mauvaises herbes qui
avaient grandi entre les lézardes de la terrasse.
De hauts volets verts oscillaient sur la façade
qui regardait, de l'autre côté d'un vaste terrain
d'herbe, une semblable maison. Au milieu du
pré, un puits d'eau de propriété commune
dont Henri et Nathalie ramenèrent plusieurs

seaux pour la cuisine et la vaisselle du dîner.

Catherine y mit à tremper le linge du voyage, y enfonça dans le même mouvement les habits qu'elle avait sur elle et, toute nue, courut dans les étages chercher son maillot de bain.

Lorsqu'ils revinrent de leur dernier parcours au puits, Henri et Nathalie la découvrirent, les yeux fermés au soleil, allongée sur une serviette dans un cirque d'orties gigantesques, de fenouils et d'herbes de la taille d'un homme, dont elle avait foudroyé et couché par terre toute une allée pour parvenir à ce résultat. Henri sentit qu'elle était femme à passer ses vacances en souriant dans la poussière et l'ivraie, et une vive mauvaise humeur lui fit mal à la gorge comme autrefois, lorsqu'il voyait sa mère installer sur la table des choses froides et des restes de la veille pour partir plus vite. Il lâcha le seau dans les herbes, ficha une graminée dans sa bouche et s'en alla les mains dans les poches, de cette petite démarche douloureuse qu'on a quand il fait beau et qu'une colère irrépressible vous exclut de la bonté générale.

— Quel caractère, soupira Catherine.

Elle attira à elle le seau d'eau froide et s'en lança des gouttes sur le corps.

« Tu ne fais pas comme moi ? dit-elle à Nathalie.

— Mon maillot est dans la valise...

— Va le chercher, on bavardera.

Nathalie réapparut les cheveux tirés, sa serviette rouge autour des hanches, l'huile solaire coincée sous son bras et dans les mains une bouteille de cidre et des raisins de Corinthe.

Elles se turent un long moment, les yeux fermés sous la force du soleil.

— Où peut être papa maintenant ? murmura Catherine.

Elles avaient juste au-dessus de leur tête un oiseau fatigant comme un enfant unique, qui ne disposait que de trois notes... Nathalie l'écouta le plus longtemps possible.

— Et Henri ? dit-elle.

— Comment le trouves-tu ? répondit Catherine. C'est la première fois que vous vous voyez si longtemps.

— Bien, dit Nathalie. Vous ne vous disputez pas ?

— Pas depuis que nous sommes partis. Il t'aime beaucoup, il me l'a dit.

— Quand ?

— Le matin, quand nous parlons.

Le vent souffla quelques secondes, Catherine

souleva ses reins ruisselants et Nathalie écarta
mieux les bras. Puis l'air se calma et tout rede-
vint immobile.

— Il dort contre le mur ? reprit Nathalie.

— Non, c'est moi. Au bord, j'ai peur de tomber, dit Catherine avec un rire.

— Il te tient dans ses bras toute la nuit, ou
vous vous lâchez pour dormir ?

— Quand je le laisse et que je me retourne
contre le mur, dit Catherine cachant son émotion derrière ses cils serrés, il se réveille et
il dit : " Oh, qu'est-ce que tu fais là ? Tu t'es
détachée de ton piquet ? Tu t'es mise toute
seule contre le mur de la récréation ? "

Elle rit de gêne aussitôt, de s'être entendue
répéter tout haut et en pleine lumière une
parole qui leur appartenait à tous les deux. De
fait, Nathalie répondit par un silence. Catherine se prépara à rester sur le sentiment désa-
gréable d'en avoir trop dit.

— Pourquoi prends-tu cette voix suraiguë
pour imiter Henri ? fit Nathalie.

Et Catherine, espérant effacer la sensation
de honte qu'elle avait gardée de sa dernière
confession, en fit une autre :

— Il parle comme ça quand il veut être gen-
til, dit-elle.

8

La beauté d'Henri devint très attachante dans le cadre de cette maison. Déjà, dans la voiture, Nathalie ne pouvait rester longtemps sans ramener son regard sur le grand bras d'Henri, son profil un peu terrible, sa nuque trapue dans le dégueulement du col de sa chemise et surtout, lorsque Catherine et lui se penchaient l'un contre l'autre, sur le contraste de leurs cheveux roux et noirs, mêlés comme si ç'avait été un gros chien bouclé qui s'était soudain couché sur le dossier des fauteuils.

Sous les effets du soleil, du vent et de l'amour, sa nature de roux avait pris un genre tel que, une petite fille munie de tous ses crayons de couleur et grosse d'une image de bel homme, à travers les excès de l'art enfantin, eût dessiné exactement Henri. Les poils de feu de

Prends garde à la douceur des choses.   3.

sa poitrine sortaient en broussaille de sa chemise vert amande qu'il laissait ouverte jusqu'au
nombril au-dessus d'un ceinturon — lanière de
cuir du pliant de son grand-père qui s'en allait
peindre des paysages dans la nature — et sa
peau presque transparente l'hiver, devenue
orange vif pendant le voyage en voiture déca-
potée, s'était enrichie par endroits, comme chez
les roux qui défient le soleil, de toutes les tein-
tes de l'arc-en-ciel. Ses veines sombres et gon-
flées le long des bras et aux tempes, la retombée
de ses cheveux sur ses sourcils et sur sa nuque,
ses jeans, son rire et son odeur, avec tout cela
il faisait passer de merveilleuses vacances à ces
deux sœurs qui, sans lui, se fussent peut-être
querellées et prises en grippe.

Ce fut Nathalie la première qui lia amitié
avec les gens de la maison d'en face. Ils habi-
taient là toute l'année. Henri et Catherine faisaient juste, de loin à travers les herbes, dans
leur semi-nudité, des sourires de voisins et
Henri les politesses d'usage près du puits
commun où une forte fille de vingt-trois ans
venait tirer deux seaux aux mêmes heures que
lui.

Toujours en tablier bruissant sans emman-
chures, des mèches s'échappant de ses grosses
nattes ramenées en lauriers autour de sa tête,
elle avait confié à Nathalie qu'elle était seule
pour tenir la grande maison de ses parents, et
la bretelle roulottée de sa combinaison, toujours tombée sur son bras vacciné, témoignait
du temps qu'elle n'avait pas en trop.

Henri et elle se regardaient partir de loin à
travers le pré, de leurs maisons respectives,
et venir l'un vers l'autre jusqu'au puits. Là
Henri se sentait obligé de la servir... Lorsqu'il
en avait fini avec elle et qu'il commençait de
faire descendre son premier seau au bout de
la chaîne, Catherine, de la fenêtre de la cuisine
au-dessus de l'évier, voyait dans les déchire-
ments du ciel sous la lumière du soir la forte
fille en ombre chinoise qui n'osait plus ni s'en
aller, ni remercier, poser ses deux courtes
mains humides à plat sur la margelle et attendre poliment que le dernier seau d'Henri fût
tiré.

Ce souvenir de la veille qui allait encore se
renouveler dans la journée était devenu un de
leurs sujets de rire préféré, le matin au réveil,
lorsqu'ils s'enlaçaient un moment dans les
oreillers avant de se lever et qu'ils faisaient l'un

pour l'autre une mise à jour de leurs états d'âme...

— Elle est gourde, disait Catherine le bras allongé sur le torse d'Henri bombé comme le pont d'un bateau, le temps que tu lui fais gagner en tirant ses seaux, elle le perd en attendant que tu aies rempli les tiens... Qu'est-ce qu'elle répond quand tu lui dis qu'elle peut s'en aller ?

— Elle baisse les yeux et elle se dandine, disait Henri.

Tous deux pouffaient de rire en même temps, Henri entremêlait ses jambes à celles de Catherine et resserrait son étreinte.

Nathalie avait pris l'habitude d'aller voir Liliane tout de suite après le déjeuner, en emportant son fruit qu'elle mangeait en marchant. Elle la trouvait à cette heure-là dans la grande cuisine, finissant de passer l'éponge sur le plateau qu'elle avait monté dans la chambre de sa mère, tombée gravement malade l'hiver passé.

Le père partait à l'aube dans la campagne. Liliane était donc seule à la tête des huit poules et du coq, du chien, des lapins, des fraisiers et des plants d'aubergines et de tout ce que Nathalie n'avait pas encore vu. Elle se taisait toujours dans un vaste visage lunaire, de peau fragile, où ses grosses lèvres pouvaient se liquéfier instantanément en un sourire benoît, et ce silence qui accompagnait le déplacement efficace de son corps rassurant, les gestes énergiques et calmes de ses bras de blonde au gras desquels tremblait sa provinciale volonté de bien faire, se laissait si bien oublier qu'on aurait pu jurer à la fin de la journée avoir bavardé avec elle et connaître mieux sa façon de penser.

Des plages de blancheur la marquaient en demi-cercles derrière les oreilles, sur le cou, à l'intérieur des bras et dans les deux fossettes de ses chevilles, en contraste avec les surfaces roses sanguines léchées dans son travail par le soleil... Et Nathalie dont les yeux tombaient malgré elle sur ces endroits cachés qui n'éclosaient que par hasard dans certains des mouvements de Liliane, trouvait qu'ils étaient plus nus et plus terribles que les surfaces roses.

— Liliane, quand est-ce que tu déferas tes cheveux devant moi... Dis-moi jusqu'où ils arrivent ?

Liliane rougit, les yeux baissés sur son travail, et ne lui répondit pas. Elle l'embaucha pour essuyer la vaisselle ; on n'entendait plus que le balancement massif de la grande horloge dans son bois et, pendant les intervalles, les longs sifflements qui venaient moins du nez que de la gorge de la mère étendue à l'étage, et qui leur parvenaient par le trou fait dans un coin du plafond. Nathalie prépara aussi la pâtée du chien en malaxant beaucoup avec la fourchette comme le lui avait appris Liliane qui, de son côté, épluchait des haricots verts dans le chapeau de Napoléon en papier journal.

En face de son silence, Nathalie ressentait le besoin passionné de faire part des événements qu'elle avait connus, de ses impressions générales et de ses quelques opinions qu'il semblait urgent pour elle d'exprimer dans l'absence même de sa sœur et d'Henri... Et plus l'autre se taisait, plus elle approfondissait ses analyses, menée par une générosité et une charité à remplir l'esprit de son amie Liliane, qui la gonflaient au fur et à mesure qu'elle parlait d'elle-même.

Elle se lança à raconter le taureau qui déboulait dans l'arène sous le soleil de Nîmes, dans l'incompréhension totale, presque pour faire la fête, croyant qu'on lui donnait une chance de gagner et de reprendre sa liberté, et qui vivait son dernier quart d'heure dans une honte qu'elle n'avait pour sa part un peu éprouvée que la nuit à travers certains cauchemars et dont elle revenait au petit matin le corps entier en larmes sans toutefois parvenir à pleurer physiquement. Quelques minutes dans son sommeil, il lui était arrivé d'être ce taureau beuglant, humilié et blessé à mort à qui une foule éblouissante hurlait : « Tu peux l'appeler, ta maman ! »...

— Moi aussi dans mes rêves il y a des animaux..., dit Liliane, longtemps après.

Elles se turent toutes les deux. Le chien entra, il était maigre et vieux. Nathalie descendit la pâtée à sa hauteur et il commença d'en détacher des bouts avec son museau sans joie.

— Allez, on va voir tes cheveux ? dit Nathalie, et cette fois Liliane, souriant de gêne, parut se résigner.

Elle essuya ses mains, remit la montre qu'elle avait posée sur le buffet et ouvrit dans le mur une porte que Nathalie avait toujours prise pour celle d'un garde-manger, encastrée comme elle l'était à quelques centimètres au-dessus de la terre. Nathalie s'aperçut que ce qu'elle croyait être le prolongement du mur sous la porte était en fait la paroi verticale de la première haute marche de plâtre d'un escalier, dans lequel elle suivit Liliane.

Liliane s'était suffisamment fait prier pour que Nathalie sentît l'importance du cadeau qu'elle lui faisait en lui montrant à la fois sa chambre et ses cheveux dénoués. La fenêtre était très basse et il fallait s'agenouiller sur les briques rouge pâle qui couvraient le sol, pour voir à travers la moustiquaire au bout du pré le dernier étage et le toit de la maison jumelle. Un tissu blanc cassé imprimé de fleurs jaunes et rouges dissimulait les collines du lit, trop grand pour elle seule et trop petit pour deux. Un pot de porcelaine trônait dans sa cuvette sur une sorte de bureau à tiroirs.

— Tu fumes ? ne put s'empêcher de s'exclamer Nathalie lorsqu'elle découvrit, à côté de la cuvette dans la soucoupe à savon, une Boyard en papier maïs écrasée.

Liliane ne répondit pas.

« Mon beau-frère aussi fume cette marque-là, enchaîna aussitôt Nathalie, craignant que son observation n'eût l'air d'un jugement.

Liliane était debout devant la glace mouche-tée de sa grosse armoire et, les bras levés, trois épingles et un élastique dans la bouche, se dépêchait avec nervosité de dénouer ses tresses qui n'étaient déjà plus en couronne. Son tablier si peu souple tremblait au rythme de ses doigts agiles le long de la natte, et le frottis du nylon raide sur l'autre nylon de sa combinaison accompagnait toute sa personne agitée de faire ça en plein après-midi d'un chit-chit avant-coureur de l'événement. Le menton chastement tourné vers l'épaule opposée à la tresse qu'elle manipulait, il semblait à Nathalie, tant Liliane allait vite, que c'étaient d'autres doigts que les siens qui montaient et descendaient le long des cheveux et qui lui secouaient son reste de natte. Cependant, les yeux de biais sous ses demi-paupières dont les cils blancs et drus prenaient la lumière comme ceux des vaches, Liliane semblait à l'écoute du chuchotement que faisait sa chevelure en s'ouvrant sur son épaule légèrement relevée dans l'appréhension d'un cheveu douloureux...

Epars, ils descendaient jusqu'à l'ourlet de son tablier, avec des coudes et des dos d'âne, crépelés à force d'avoir été serrés, écumeux aux pointes... Et, si elle écartait un peu leur flot blond cendré entre ses doigts, à l'intérieur c'était tout noir... Elle resta quelques minutes ainsi, immobile dans toute sa gloire, le nez contre le mur, tournant le dos à Nathalie, les

pieds un peu écartés dans le rêve d'être paral-
lèles... Sans doute n'avait-elle pu aérer sa coif-
fure depuis des semaines, peut-être depuis
qu'elle était revenue chez ses parents, et elle
devait dormir dans son ancienne chambre sur
ses deux nattes de la journée sans s'arrêter
comme autrefois à tresser la grosse de la nuit.

Tout à coup Liliane fit demi-tour et, prenant
dans son tiroir une brosse aux épines de fer
plantées sur du caoutchouc, elle signifia à
Nathalie, en lançant tous ses cheveux par-dessus
tête sur ses genoux et en commençant à les
brosser vigoureusement, que le spectacle avait
eu lieu.

Mais, d'entre les secousses qu'elle imprimait
à la masse pendante jusqu'à terre, il se dégagea
une odeur, une odeur qui atteignit Nathalie à
l'intérieur d'elle-même... Elle crut tout d'abord
qu'elle avait faim, puis au contraire qu'elle
avait envie de pleurer, enfin elle essaya plutôt
de bâiller... Mais le bâillement ne suivit pas les
efforts de sa mâchoire et de sa langue... Elle
se laissa envahir de plus en plus par l'odeur, ne
respirant plus à force de vouloir la retenir dans
ses narines...

Peu à peu lui revinrent alors des images qui
s'en approchaient : c'était une odeur de sang

séché sur une coupure, une odeur de peau brû-
lée qui a transpiré au soleil, l'odeur des aisselles
de Jeanne quand elle avait flirté, l'odeur de
l'eau dans l'aquarium du poisson, une odeur
comme sous les pattes des chats, à l'intérieur
de leurs coussinets gris qui s'écartent... une
odeur de petite culotte.

Et le nez dans un état fou, humant à en
perdre l'esprit, Nathalie y trouvait un plaisir
chaud mêlé d'horreur qui lui faisait fermer
les yeux et entrevoir dans son obscurité un
infini de perdition, de désespoir et d'insatisfac-
tions, de sorte qu'elle se trouva brusquement
très triste, et fatiguée.

9

Henri commença à se lever de plus en plus tard dans la matinée.

— Il reprend ses mauvaises habitudes de Paris, soupirait Catherine.

Elle, dès neuf heures, nerveuse à l'idée que le soleil prenait de la force et de la hauteur, ne pouvait plus tenir dans le lit où étaient venus la réveiller à travers les volets pas solides tous les bruits du beau temps... Elle se levait dans la pénombre, mettait immédiatement son maillot de bain près du fauteuil sur lequel Henri, sans allumer la lumière en rentrant de sa promenade au clair de lune, avait jeté son pantalon et, après avoir refermé doucement la porte sur lui et sur ses grognements de regret, descendait à la cuisine rejoindre Natha-

lie qui, demi-nue, tournait une cuillère en bois
dans son chocolat sans grumeaux.

— Il est rentré tard ? demanda Nathalie. Au-
dessus de son bikini dont les nœuds à chaque
hanche faisaient un rappel des couettes qui lui
pendaient de chaque côté du front, deux fossettes rondes souriaient sur ses reins depuis
un an déjà.

— Je ne l'ai pas entendu, répondit Catherine
encore incertaine dans la lumière aveuglante
du matin.

— Il a rapporté un lapin...

Catherine ouvrit des yeux ronds tandis que
sa sœur, qui l'avait mis à l'abri des mouches,
courait le chercher. Elle l'apporta étendu de
tout son long sur ses deux mains, avec sa four-
rure pleine de sang, comme une petite femme
morte...

— Il est mal tué..., dit Nathalie.

— Il a dû le trouver mort sur la route, dit
Catherine.

Après son déjeuner et pendant que Nathalie
faisait sa toilette, Catherine se rendit avec le
lapin à la maison d'en face.

— Mon mari a trouvé ce lapin écrasé par
une voiture, dit-elle à Liliane, pensez-vous qu'il
soit encore comestible ?

Liliane en rougissant le prit par ses deux oreilles, l'accrocha au clou sur le mur du hangar et lui arracha tout son habit. Puis elle le vida à mains nues et du sang frais coula le long du mur sur des traces anciennes.

Quelques instants plus tard, le lapin était à feu doux avec des tomates, du thym et du laurier, et tout cela devint tellement odorant dans la maison qu'Henri, saoulé à jeun par les chatouillements insidieux de la Provence, rejeta le drap qu'il avait ramené en vain par-dessus sa tête et se leva, fou de rage.

Nathalie, tenant d'un bras ramené contre elle le petit soutien-gorge de son maillot dégrafé, revenait boire un verre d'eau et prendre la bouteille d'huile d'olive pour en enduire les jambes de Catherine, lorsqu'elle le découvrit dans l'obscurité de la cuisine, définitivement blanc depuis qu'il ne faisait plus de voiture et agité, devant sa tasse de Nescafé et sa casserole d'eau, des frissons significatifs du manque de sommeil.

— Qu'est-ce qu'il lui prend, à Catherine, de faire la cuisine dès le matin ? dit Henri.

— Il n'y a rien à faire pour du lapin, dit Nathalie... Il suffit de le laisser cuire sous son couvercle.

— Enfin, hier, s'écria Henri, c'était le rôti de porc provençal qui sentait dans toute la maison..., je trouve ça d'un sans-gêne, même mon café pue l'oignon !

— Nous ne pouvons pas toujours manger froid parce que tu te lèves à midi, rétorqua Nathalie.

Et, dans le couloir, elle entendit :

— On est en vacances, non !

Catherine et Nathalie se présentèrent à table, nues, huileuses et froissées par les herbes, bruyantes et essoufflées par leur grandiose matinée. Leur bouche s'ouvrait et se refermait, elles frottaient leur petit diaphragme douloureux à force de s'être tendu sur la ligne de l'horizon pour essayer de boire le bleu du ciel, et la faim par vagues les faisait rire... Henri de nouveau pensa à la cruauté de sa mère. Catherine n'avait pas fini son lapin qu'elle parla, pour entraîner son mari à reconnaître le merveilleux de leur vie, des framboises à la crème de vache qui allaient ensuite paraître sur la table ; et mangeant ses framboises à bonne allure — car le bonheur chez elle était nerveux et fait d'avidité — elle désigna en même temps les chaises longues mi-ombre mi-soleil où ils pourraient s'allonger agréablement tous les trois dans l'après-midi, et peut-être vers cinq heures prendre un thé pour accompagner les meringues. Rien ne les empêchait ensuite d'aller tous ensemble, un peu loin de la maison, faire une promenade qui permettrait à Henri de revoir au jour la forme véritable des arbres et des buissons qui avaient dû le tromper, la nuit, et fausser toute son orientation...

Henri avait les yeux comme le taureau qui suit la cape par terre d'un côté et de l'autre à l'heure de l'estocade. Soudain il se lança une grande claque dans l'épaule, d'où sortit, calme et dansant, un moustique qui alla se perdre dans les airs.

— Le con, il m'a piqué, dit-il. Il quitta la table et les planta là.

Quand arrivait le soir, la gaieté d'Henri se réveillait. Il courait, en short vert, avec le sécateur pour tailler la vigne vierge qui encombrait l'entrée, jouait au badminton avec Nathalie en hurlant de victoire, réglait son compte à un clou dans le sabot de Catherine, voulait aller acheter des œufs à la Lili-de-Nathalie pour faire une grande omelette fourrée façon-Henri... Il trouvait Catherine belle, Nathalie grandissante, et s'arrêtait, ému, à l'idée qu'il était en son pouvoir de faire un enfant...

Le soir tombait sur ses cheveux roux, l'ampoule électrique s'allumait au rez-de-chaussée de la maison d'en face, Henri suant d'avoir tant couru faisait chauffer des bouilloires et nu contre le flanc de la maison s'envoyait de grands seaux d'eau tiède sur la tête.

Ce soir-là, lorsqu'il revint de sa corvée d'eau, elles étaient déjà toutes deux à table. Il avait mis sa chemise violette et ses lèvres charnues réunies en un seul muscle remuaient comme lorsqu'il se sentait en veine d'astuces. Cependant, il se glissa à sa place avec soumission et défit sa serviette :

— Liliane est tellement fatiguée de ses journées, dit Nathalie en commençant à manger, qu'elle a oublié le numéro de téléphone de son mari, dans le Velay...

— Aaaah ? dit Henri, mais, grosse fille comme elle est, c'est étrange qu'elle soit si fatiguée...

— Oh ! Henri, elle est grosse, mais bien faite, protesta Catherine qui leur tournait le dos, debout devant la cuisinière.

— Elle a essayé plusieurs numéros, continua Nathalie, mais ce n'est plus jamais son mari qui lui répond...

Henri pouffa de rire dans son verre de vin qu'il vaporisa sur la table.

« Je ne sais pas pourquoi tu ris, dit Nathalie, le sourcil levé. Moi j'ai de la peine pour elle.

— Une bonne grosse fille comme ça retombe toujours sur ses pattes, voyons ! dit Henri en s'essuyant... Et ses lèvres se troussèrent de nouveau sous la blague qui lui venait :

« Ça doit flotter, ça, dans l'eau, comme rien, bégaya-t-il dans un nouveau fou rire, et sur la terre elle a tout ce qu'il faut aussi pour rebondir...

— Elle ne l'avait donc pas noté, ce numéro ? demanda gentiment Catherine, en venant s'asseoir avec eux.

— Bien sûr que non..., dit Nathalie exaspérée, elle le savait par cœur... C'était son mari, tout de même !

— Enfin, mari ou pas mari, elle sent drôlement le mouton sous les bras, l'amie Lili, ajouta Henri au comble de l'excitation.

Alors Nathalie, sans comprendre pourquoi, devint rouge pivoine ; elle se sentit le devenir, baissa les yeux et son cœur se mit à battre dans sa poitrine... Elle repoussa l'omelette d'Henri, et un peu plus tard demanda la permission de ne pas les attendre pour monter, le soleil avait été très fort dans la journée.

10

Arrivée dans sa chambre, Nathalie fit sortir la grosse abeille qu'elle trouva prisonnière, ouvrit ses draps machinalement, chercha longtemps sans penser à ce qu'elle faisait sa chemise courte pour la nuit, et finit par se laisser tomber sur ses talons devant le rebord bas de la fenêtre grande ouverte. L'odeur de la nuit lui parvint à travers la moustiquaire avec le bruit du vent qui agita un instant les feuillages de la tonnelle. Alors elle prit la peine de retourner près de la porte éteindre l'ampoule du plafond, et revint s'agenouiller dans la solitude de la pénombre, au milieu de laquelle elle perdit la possibilité de savoir si le besoin qui venait d'attrister agréablement son corps aurait été de pouvoir pétrir à l'instant même la matière de sa mère, ou de recevoir une fessée, ou de pouvoir s'enfoncer la tête la première en poussant avec les pieds dans le caoutchouc de son berceau qu'on n'avait jamais jeté — toutes choses obscures que relançait en elle cette inquiétude de son épaule nue qui luisait, frappée contre ses petits os par la lumière blanche de la nuit, et dont la présence entre ses cheveux et dont la douceur au toucher l'alourdissaient d'une sourde envie de larmes, de murmures et de plaintes que, si elle n'avait commencé d'être une adulte, elle eût fait jaillir en ce hurlement dont le son ne retombait plus et qui la laissait la bouche grande ouverte, écrasée sans pouvoir reprendre sa respiration sous la poitrine de sa maman...

Si bien que Nathalie releva bien haut, comme elle se serait déshabillée, le panneau de la moustiquaire pour mieux toucher et sentir la nuit.

Cependant, en bas dans la cuisine, Catherine avait apporté sa chaise pour manger sa grappe de raisin à côté de son mari.

— Tu as ta large tête, aujourd'hui, hein ? lui dit-il en avançant son menton.

Catherine noya son envie de rire sous un air d'enfant grondée. Henri avait remarqué que son petit visage de femme, encore flou, pouvait s'élargir ou s'allonger d'un jour à l'autre sous l'empire de son foie ou de ses humeurs. Il la prit sur ses genoux tandis qu'elle feignait de ne tenir qu'à son raisin.

« Ma femme a trois sortes de têtes, dit-il à la cantonade : sa longue tête, sa large tête, et... Quelle est la troisième, déjà ?

Catherine ne voulait pas répondre. Faussement confuse, elle battait des cils et faisait la moue.

« Dis quelle est ta troisième tête, poulette ?

— ... Mon horrible tête, lâcha Catherine et ils éclatèrent de rire en s'embrassant et en se battant, comme chaque fois qu'il l'obligeait à avouer sa troisième tête.

Cela finit en un long baiser debout au milieu de la cuisine, durant lequel Catherine devint comme le lierre qui a de petites mains partout. Peu à peu elle entraîna Henri sur l'herbe noire devant la maison et obtint qu'il restât à côté d'elle dans une chaise longue et qu'ensemble ils regardent le ciel.

Elle avait volé jusqu'à sa chambre pour chercher les cigares, le chocolat au Cointreau et les deux ponchos rouges qu'ils s'étaient offerts en Espagne...

Les arbres bougeaient au loin dans l'ombre, la lune était ronde, ne pouvait pas être plus ronde, la goutte de parfum qu'elle s'était glissée derrière l'oreille avant le dîner lui était rapportée aux narines par moments avec la fine brise chargée d'odeurs terrestres qui levait les franges de leurs ponchos, tandis que les lueurs de leurs cigares grésillaient en alternance dans l'obscurité...

Catherine trouvait qu'ils étaient très beaux tous les deux derrière ce silence qu'ils observaient et la sévérité de leur tenue dans cette prairie, cette façon qu'ils avaient de ne pas surenchérir comme les autres amants dans la poésie du clair de lune, jetait entre leurs profils immobiles un lien d'autant plus intense qu'il était tacite... L'instant était déjà d'un bonheur parfait, quand un rossignol se mit à chanter dans le vide sonore du monde, puis un cri lointain d'une autre bête leur arriva en deux fois. La dernière lumière de la maison d'en face s'éteignit, les laissant dans ce théâtre plus seuls encore et plus proches. Catherine mesura d'un coup l'amour fou qui les gardait depuis deux ans ; comment il ne s'agissait plus pour elle de savoir si elle aimait encore Henri, ou si elle ne l'aimait plus, puisqu'il faisait partie d'elle maintenant, de son sommeil, de sa façon de marcher dans la rue..., mais de reconnaître

qu'ils étaient arrivés en deux ans à cette hauteur d'âme que les couples ordinaires n'attei-
gnaient qu'en vingt ans après beaucoup de tem-
pêtes. Avec lui, elle reprenait le droit de se
conduire comme une enfant, et son univers
lui était devenu si intime qu'elle croyait être
impudique en parlant d'Henri à l'extérieur...
Elle pouvait courir le matin, pieds nus, les cheveux dans les yeux comme une coquine vers
cet homme tout chaud dans son pyjama avec la
même attente et la même peur qu'autrefois
vers le lit jeune et mystérieux de ses parents...
Elle pouvait, après qu'il lui eut ôté toutes ses
forces, ne plus se donner la peine d'ouvrir la
bouche et ne répondre plus qu'à la manière des
Noires par deux petits claquements du palais...

Et maintenant ils s'étaient épousés, il acceptait d'être seul avec elle dans une maison isolée,
il était là, de profil dans la nuit, avec son cigare
et tout son passé et toutes ses blessures d'enfant qu'il lui avait confiées... Elle avait cette
idée sur l'homme qu'il fallait le mériter, le
servir et tout lui faciliter pour lui permettre
d'être la pensée du monde... Elle se sentait
même capable d'apprendre, de la bouche d'un
homme si bien, qu'il avait une fille naturelle
dans l'Aveyron... Lorsque, sans prévenir, Henri

se leva, repoussa la chaise longue, et jetant son cigare qui fit une spirale dans l'ombre :

— Je traîne, ici ! s'écria-t-il, je ne lis pas un journal, je ne pense à rien, je n'ai aucune idée de ce que je ferai à la rentrée !

La phrase monta jusqu'à Nathalie. De sa fenêtre elle vit Catherine plier sa chaise longue et l'emporter. Comme elle revenait prendre celle d'Henri, il posa les mains autour de son cou et l'obligea, de ses deux gros pouces dressés sous son menton, à lever ses yeux pleins de larmes vers lui.

— Pardonne-moi, murmura-t-il en poussant de son front contre celui de Catherine qui résistait... J'ai besoin de marcher un peu avant de dormir, sinon, tu vois, je m'inquiète... Il a mei-meil, mon museau ? fit-il soudain en prenant sa voix aiguë, il se lève de bonne heure le matin... Mais qu'est-ce qui le fait bondir de sa couche, celui-là, hein ? Qu'est-ce qui le fait sortir du bois, le matin ?... " C'est-sa-tartine-de-paain ! " s'écria-t-il à sa place d'une voix émue... Allez, il va vite aller se coucher et je le rejoins bientôt.

Il la conduisit à la porte par les épaules et la voûte de la tonnelle les fit disparaître aux yeux de Nathalie.

91

Henri réapparut seul, les mains dans les poches de son pantalon, et partant d'un bon pas à travers le pré. Nathalie le suivit du regard le plus loin qu'elle put, et il lui sembla que les ténèbres où elle voyait encore s'enfoncer son dos arrondi l'avaient brusquement happé tout entier, à moins qu'il n'eût tourné au coin gauche de la maison d'en face...

Elle entendit sonner l'anse d'un seau au rez-de-chaussée, un peu plus tard sur le palier les pas légers de Catherine qui éteignit la lumière du couloir et referma la porte de sa chambre.

Nathalie attendit encore un peu, les tempes battantes. Puis elle se glissa dans l'escalier, et hors de la maison.

11

Henri trouva Liliane assise dans le noir, les mains sur les genoux, au fond du cellier.

— Tu m'attends depuis longtemps ? chuchota-t-il.

Il ne la laissa pas répondre, la leva par les épaules et l'embrassa durement. Un lapin se réveilla et se cogna contre sa cage.

Sans le tablier qu'elle avait abandonné dans sa chambre, elle paraissait déjà dénudée et vaincue. Elle avait passé ses bras comme dans un bal populaire sous les bras d'Henri et déposé ses mains oisives dans ses reins. Embrassée et touchée de haut en bas, pour sa part elle prenait seulement de temps en temps entre son pouce et son index le pli américain de la chemise violette qu'elle frisait un peu dans ses deux doigts, puis qu'elle lâchait.

Henri lui couvrait le cou et les épaules de baisers pointus comme s'il avait beaucoup couru pour la retrouver. Lorsqu'il lui eut bien étourdi son sens de l'orientation, il sortit complètement sa grande tête sur l'autre versant de l'épaule de Liliane et pareil à un cheval au-dessus de sa porte, appuyant son menton contre son omoplate, il mesura d'un regard en surplomb l'abondance de son derrière, pendant que Liliane qui sentait une main entre eux défaire avidement jusqu'au nombril tous les boutons de son corsage, croyait l'ennemi encore devant...

C'est pourquoi elle refoulait les doigts d'Henri, qui y revenaient en force une fois, deux fois, la troisième fois elle acceptait. Il continua de l'occuper ainsi sur l'avant, pressant le sein le plus proche, tandis que l'autre main progressivement relevait la jupe d'un tissu si mou et si volatil qu'il suffisait à Henri de le froisser pour le rassembler en boule dans sa paume. Liliane était nue dans ses chaussures et les souffles que faisaient courir les narines d'Henri sur sa nuque lui donnaient des frissons. Tous les lapins l'un après l'autre commençaient à se réveiller. Ils détalaient sur place dans la paille sèche de leur clapier d'une manière qui

leur rappelait à tous deux que quelqu'un pouvait survenir, et les minutes arrachées paraissaient plus longues. Henri sursautait parfois
quand, au milieu des lapins immobiles depuis
plusieurs secondes si bien qu'il avait oublié
leur présence, un petit qui ne dormait pas refai-
sait un bond. Et toute la troupe à sa suite reprenait la danse.

Une partie du sol du cellier était fortement
éclairée par la lune dont la lumière tombait
à travers la large ouverture taillée dans l'épaisseur du mur. Henri et Liliane se tenaient dans
le fond. Il avait pu obtenir la totalité de la jupe
et avait réussi à coincer le chiffon qu'elle était
devenue sous le bras dont il lui serrait la taille,
pendant qu'il berçait doucement sans y toucher
le derrière mis à nu.

Ignorante de ce qu'il dévisageait dans son
dos, elle était toute seule de l'autre côté et
promenait ses yeux bleus le long du mur de
plâtre où pointaient çà et là de gros clous
rouillés, où pendait la faux accrochée par son
père, puis elle les laissait monter par l'ouverture jusqu'au ciel...

— Tu as la lampe de poche ? lui murmura
Henri dans l'oreille et de nouveau le souffle de
sa bouche la fit trembler du haut en bas de sa

colonne vertébrale. Elle fit oui de la tête et désigna du menton la lampe posée sur le rebord de la fenêtre sans carreau. Son visage était encore levé lorsqu'il l'embrassa soudain dans la folie de l'ébouriffer, de la désordonner. Puis lentement, sans la quitter des yeux, il alla chercher les mains de Liliane derrière lui, les remplit, en refermant chacun de ses doigts l'un après l'autre, du tissu fuyant de sa jupe et, se détachant d'elle par surprise d'un grand saut en arrière, il l'immobilisa sous la projection de la lampe... Les lapins bondirent dans tous les sens, la paille du plancher vola et Liliane perdue sans la chaleur des bras d'Henri voulut se cacher et se précipita vers lui.

« Non, cria-t-il tout bas, l'œil brillant dans l'obscurité, reste là-bas, fais ce que je te demande !

Il lui fit faire demi-tour et la réinstalla au centre du cellier avec ordre de tenir sa jupe en l'air, tandis qu'une jambe pliée, l'autre tendue il se laissait doucement glisser le long du mur sur son talon. Puis il fit feu de la lampe :

« Tourne-toi, chuchota-t-il, et marche, lentement !

Nathalie se lança vers cet éclat de lumière. Longtemps à la ronde elle avait cherché Henri dans les limites de l'obscurité, et maintenant, écarquillant les yeux, elle entendait sa voix sans le voir, mettre du son à un spectacle muet.

— Regarde comme tu es belle..., disait-il, bouge un peu plus... Tu es très belle.

Coupées au ras des jambes et du dos, illuminées comme un visage de star mongole, en pleine vue les fesses de la grosse Liliane se gonflaient et se reprenaient au rythme de la voix.

« Bouge tes hanches en même temps, Liliane, voilà..., comme lorsque tu portes tes deux seaux d'eau..., je te regarde rentrer chez toi avec tes deux seaux d'eau..., c'est tout.

Personne ne pouvait voir le vrai visage de Liliane. Elle n'offrait que celui-là, ému et glorieux, privé de parole mais bouleversant d'expression et de justesse. Il donnait l'illusion parfois, lorsque s'enfonçant dans la nuit du cellier elle l'emmenait lentement avec elle, d'être la croupe trapue d'un de ces chevaux de labour, de pelage clair, qui travaillent au phare dans

les champs et qu'on entraîne au fond du sil-
lon pesamment par la bride...

Toute la finesse de ce derrière était dans sa
grosseur même, dans sa souplesse au moment
où la fesse se repliait sur la cuisse, dans cette
amabilité qu'on retrouve chez les personnes
trop grosses qui en savent long sur la souffrance et qui sourient depuis. Et lorsqu'une
fesse de Liliane tremblait soudain de tout son
fond sous le choc d'un faux pas, on était pris
d'une peine folle en souvenir de ces visages
de la vie qui ont de la dignité et dont la sensibilité trahit sans cesse le malheur.

« Viens vers moi, murmura Henri. Non..., à
reculons. Tu es à cheval : fais reculer ta bête !
Allez !... Fais-lui lever une patte ! L'autre !

Cahin, caha, se tordant et se cabrant, en
équilibre, la croupe approchait. Lorsqu'il eut
le derrière de Liliane à hauteur de la figure, il
lui donna deux petites tapes de chaque côté.

« Hue ! dit-il. Galope ! Cours un peu !

Deux lapins firent un bond. Liliane détala.
Henri riait doucement dans sa cachette et la
toux formée par la fumée des Boyards faisait
siffler finement ses jeunes bronches hilares tandis que le rayon lumineux poursuivait impitoya-
blement ces deux fesses qui, serrées l'une contre

l'autre comme deux moutons apeurés, trottaient ensemble en biseau sans but dans le cellier.

Elle bouclait un tour de cirque et deux autres claques au passage la faisaient repartir... Ses jambes trébuchaient dans la paille, ses fesses rougissaient, les lapins au comble de l'énervement sautaient si fort qu'ils se cognaient à leur plafond, lorsque le jet de la lumière surprit l'autre face de Liliane, mouillée des larmes du clown dépossédé de son masque...

Henri aussitôt éteignit la lampe et courut la chercher.

« Tu pleures ? demanda-t-il. Je ne savais pas.

Il prit affectueusement son visage entre ses mains.

« On ne t'avait jamais dit que tu étais du type percheron ?

Liliane sourit à travers ses larmes. Elle était en sueur. Le soutien-gorge ajouré qu'elle avait mis pour la circonstance, au milieu de sa blouse grande ouverte, était resté tel qu'Henri l'avait ignoré. Elle lança ses bras autour de son cou.

« Mais pourquoi tu pleures, répétait Henri, on aurait pu aussi laisser pendre une de tes nattes, pour faire une queue au cheval... Et gentiment il lui grattait la nuque.

A ce moment, Nathalie sentit qu'un pinceau de lumière, prenant toutes les herbes à rebrousse poil, s'était allongé dans le pré. Elle se dégagea de l'encadrement et marcha rapidement vers l'angle de la maison : la fenêtre de la chambre de Catherine, au loin, venait de se rallumer.

12

Nathalie s'élança lourdement vers sa maison, puis elle repartit en sens contraire. Et, dans la plus grande nervosité, elle alla ouvrir le grillage des poules qui, emmitouflées dans leurs plumes avec des airs de vieilles dames, se firent prier pour sortir... L'une derrière l'autre, indignées et ne se croyant pas peu, elles mirent un pied dehors, résistant quand Nathalie les poussait, avec la même mauvaise humeur qu'elle-même autrefois lorsqu'une maîtresse d'école d'une main supérieure la tirait entre deux doigts par l'emmanchure de son tablier pour qu'elle avance plus vite. Ces poules vivaient en maisonnée particulière à l'abri du chien qui, sans être un renard, rageait un peu de ne pas pouvoir plaisanter avec elles... Nathalie alla également détacher la chaîne d'Argos.

Puis de ses bras battant l'air, de ses jambes en moulinet, larmoyant la première, elle dirigea tout ce monde aux abords du cellier et s'enfuit au moment où volaient les premières plumes.

Elle se remettait de son essoufflement sur le seuil de sa maison, lorsqu'elle entendit avec effroi à côté d'elle la voix basse de Catherine, cachée dans la vigne vierge :

— Qu'est-ce que tu fais dehors, Nathalie ?

— Oh ? dit Nathalie gaiement, tu es là ? J'étais descendue faire pipi et...

— Mais tu n'es pas déshabillée ?

— Si, si, dit Nathalie très vite, mais je me suis rhabillée, j'ai eu peur de rencontrer Henri...

— Et tu ne l'as pas rencontré ?

— Non. Il n'est pas rentré ?

Catherine ne répondit pas. On entendait au fond de la nuit comme une rumeur de bataille.

« Alors comme je te disais, reprit Nathalie qui parlait à toute allure, je suis descendue, il faisait si chaud dans ma chambre, j'ai eu envie de rester un peu dehors, et j'espérais peut-être rencontrer Henri, je ne savais pas du tout l'heure, je me suis donné pour but la maison d'en face... Et imagine-toi que Lili avait oublié de fermer le poulailler et que le chien commençait à toutes les réveiller... Son père est en train d'y mettre de l'ordre... Et toi, pourquoi ne dors-tu pas ?

— Depuis combien de nuits te promènes-tu avec Henri, Nathalie ?

— Mais la première ! s'écria Nathalie, mais jamais... Mais de quoi t'inquiètes-tu ?

Et elle prit cette épouse dans ses bras.

« Catherine, dit-elle, Catherine..., dit-elle comme un début de chanson, on est toujours triste à la fin de l'été... Papa et maman aussi, souviens-toi... Ne te laisse pas prendre par une saison... Toi, ta force c'est d'aimer Henri, et de savoir qu'il t'aime, tandis que Jeanne et moi... J'ai envie d'être amoureuse, Catherine !... et elle laissa rouler des larmes dans le cou de sa sœur.

— Je sais bien, dit Catherine.

— Allez, viens ! dit passionnément Nathalie, se remettant bien droite sur ses pieds et s'essuyant rageusement la figure, nous on est fortes, on est jolies, notre papa fait le tour du monde et une sœur rigolote nous attend à Paris. On va dormir pour être là demain aux premiers rayons du soleil.

Henri traversa le pré une demi-heure plus tard. Il était un peu triste et avait hâte de retrouver Catherine et de dormir contre elle. Il poussa la porte d'entrée, enleva ses bottes qu'il déposa derrière, alluma la lumière et faillit buter contre le corps de Catherine, allongée nue dans l'escalier, les yeux fixes.

— C'est ma buse qui est là ? fit-il d'une voix qui cachait mal sa peur, en s'asseyant avec précaution sur la marche à côté de sa tête. Qu'est-ce qu'elle fait là, toute seule ?

Silence dans la maison.

« Tu avais raison, reprit Henri, la prochaine fois, il vaudra mieux que j'inaugure ma promenade à la lumière du jour, j'ai pris un chemin pour un autre et je me suis perdu. C'est l'aboiement du chien qui m'a aidé... J'ai dû prêter main-forte...

« ... Et la promenade en valait deux, puisque, tout en marchant, j'ai réfléchi. J'ai pris une décision pour l'avenir de poulette et le mien...

« ... Mais qu'est-ce qu'elle fait là, dans l'escalier, hein, elle ne veut pas me le dire ? Elle a ses secrets de femme, poulette ? Eh bien, c'est son droit !... Qu'elle est mignonne... Et je la laisse toute seule le soir !... C'est vraiment une chérie, ça...

Il la souleva doucement dans ses bras, elle ferma les yeux et lui donna à mordre son poing dont elle lui écrasait et lui relevait le nez progressivement en signe d'avertissement tandis qu'il grimpait l'escalier en vitesse avec son fardeau. Elle se laissa border dans le lit où elle s'endormit dès qu'il l'eut posée.

Nathalie surveillait le lait devant la cuisinière plus tôt que d'habitude lorsque sonna dans l'escalier la tomette cassée... Elle n'eut que le temps de se retourner pour voir passer en trombe dans le couloir Catherine qui s'enfuyait de la maison les bras ouverts en croix et la tête en arrière. Elle courut à sa suite et la rejoignit au moment où sa chemise turque disparaissait dans les herbes. Elles se serrèrent, en tremblant de tout leur corps. Le temps passa. Nathalie entendit le lait se sauver et crépiter sur le fourneau noir mais elle ne bougea pas. Tout autour d'elles il faisait très beau, leurs yeux étaient bouffis et leur bouche grosse, un peu plus loin dépassait des herbes la pauvre queue du chien qui faisait son immuable promenade du matin d'un air indépendant. Catherine avait une petite veine transparente sur le front, elle transpirait du souvenir de la nuit et repoussait ses cheveux, aplatissant ses oreilles, comme pour conjurer un danger ou sa propre folie...

— J'ai fait un rêve, dit-elle enfin. J'étais dans la maison de Mandelieu et j'enlevais un à un les œufs sous les poules... Henri survient et me demande ce que je fais... mais sans gentillesse, tu sais, avec la grimace...

« — Je prends des œufs pour ton omelette, lui dis-je.

« — Ce n'est pas la peine, me répond-il, je préfère la fourrer avec de la poule entière.

« — Alors ne compte pas sur moi pour la tuer, lui dis-je.

« Il en avait attrapé une qui hurlait en sortant sa langue et ce qui m'étonnait était qu'Henri la tînt par la crête, comme un lapin par ses oreilles. Il avait sorti son canif et voulait lui ouvrir le devant en croyant que son plumage s'arracherait comme une peau... Moi, je savais que ce n'était pas possible, mais Henri me disait tendrement :

« — Regarde bien comment je m'occupe de poulette... Je sais la façon de prendre une poulette pour qu'elle ne souffre pas...

— As-tu raconté ce rêve à Henri ? dit Nathalie en se levant.

— Non, il dormait... Et quand j'ai vu sa tête enfoncée la bouche ouverte dans l'oreiller, il m'a semblé que je ne l'aimais plus...

— Alors il ne faut plus qu'il dorme ! s'écria Nathalie et elle partit en courant.

Elle pénétra dans la chambre obscure.

« Henri, lève-toi, ordonna-t-elle.

Elle restait debout devant le lit. C'était la première fois qu'elle le voyait dormir. Il était à plat ventre. Ses grandes épaules et ses bras nus sortaient du drap. Les oiseaux et les cigales de concert derrière les volets faisaient un bruit tuant.

« Henri !

— Qu'est-ce qu'il y a ? murmura-t-il.

— Lève-toi, répéta Nathalie. Catherine a fait un drôle de rêve et ton rôle n'était pas beau.

L'œil vague d'Henri regardait Nathalie en maillot de bain dans la pénombre. Il remontait de ses genoux, à hauteur du lit, jusqu'à son visage fermé qui le surplombait de son regard si personnel.

« Dépêche-toi, ajouta-t-elle, je crois qu'elle ne t'aime plus.

— Je te suis.

Et comme il descendait l'escalier pieds nus, il put tendre l'oreille avant d'apparaître.

— Je ne ferai pas la cuisine aujourd'hui, disait Catherine, qui épongeait avec dégoût le lait brûlé. Je vais demander à Henri qu'il nous emmène au restaurant, à Arles. Tu serais contente, Nathalie ?

La bijoutière prit son téléphone intérieur :

— Tu peux venir pour deux oreilles ? demanda-t-elle à son mari. Oui, deux B. O.

Belles Oreilles ? Code secret entre eux ? La sueur coulait dans le dos de Catherine.

— Tu es bien sûre d'y tenir ? lui murmura Henri.

Ils avaient laissé Nathalie au café. On installa un tabouret de cuisine dans la boutique devant tout le monde. Trois dames et un monsieur avaient la chance de se trouver là. Ils rôdaient le long du comptoir d'un air faux. Le bijoutier entra, les mains derrière le dos comme aux pires heures de l'enfance, et il souriait, gêné. Puis il avança vers Catherine.

— N'écoutez pas le bruit que ça fera ! lui cria sa femme qui restait à bonne distance c'est quand même du cartilage, hein !

— Parlez-moi, parlez-moi encore, supplia Catherine.

— Pensez à autre chose, cria le monsieur, et Catherine entendit le bruit du sécateur sur une tige de rose au moment où elle ressentait une brûlure et la certitude que cet homme venait de lui couper net le lobe de l'oreille.

La bijoutière dépouilla vivement un bonbon à la menthe et le lui mit dans la bouche.

— C'est elle qu'on perce et c'est moi qui transpire, dit-elle.

— La malchance, c'est que vous en avez deux, dit le mari en tournant autour des oreilles de Catherine, et sans lui laisser le temps de souffler il lui poinçonna l'autre.

Le public n'y tenait plus.

— C'est au moins votre fiancé qui vous offre les boucles, mademoiselle ? dit une des dames en se tournant vers Henri.

Catherine leva vers cette ignorante un regard de gratitude, puis elle le porta vers Henri comme au premier jour... Elle avait eu bien mal, mais elle tenait encore à choisir le bijou le plus éhonté.

— Tu ne préfères pas ces petites perles bleu roi ? suggéra-t-il.

Néanmoins il dut l'emmener et marcher à

travers la ville à la rencontre de Nathalie, deux grands anneaux aux oreilles de sa femme.

Ils entrèrent dans le restaurant. Une jeune femme venait de s'installer devant eux. Le garçon lui fit la remarque de ne pas s'emparer d'une grande table pour elle seule, alors elle cria avec assurance : « Je suis deux ! » Et Nathalie bouleversée par cette phrase magnifique suivit Catherine et Henri qui s'enfonçaient dans la salle. Catherine était gaie. Sa robe blanche décolletée dans son dos bronzé retenait le regard par sa drôlerie et ses bretelles. Elle se glissa derrière une table, mais Henri en vit une autre qui paraissait mieux. Elle allait s'y asseoir lorsqu'elle trouva qu'il soufflait un léger courant d'air et s'arrêtant de préférence à la suivante, elle fit signe à Henri.

— Ecoute, dit tout bas Henri venant vers elle, agacé, on se met où tu veux, mais choisis...

— Non ! s'écria Catherine qui ne voulait plus être grondée, on se met où TU veux, on va où TU veux, je fais ce que TU veux, tu le sais, et sa voix grandissait, et même si tu veux, je m'asseois par terre.

Ce qu'elle fit. Un garçon vint aussitôt la relever par un bras, et ce qu'ils mangèrent un peu plus tard ne les déçut pas.

13

Il fut bientôt décidé que Nathalie reviendrait seule à Paris par le train. C'est elle qui en fit la demande et Catherine et son mari trouvèrent cela d'autant mieux que ces vacances dans ce climat et toutes ces heures de voiture ne semblaient pas l'avoir reposée. Tout de suite après, ils virent leur propre retour sous un jour plus agréable que tout droit par l'autoroute et ils en parlèrent dans leur lit.

Le mari de Liliane était venu chez ses beaux-parents pour la dernière semaine. C'était un grand brun, maigre, sans joues, la pomme d'Adam très saillante et le regard d'un Corse dont il avait aussi le béret sur les oreilles. Il empoignait les deux seaux deux fois par jour et les rapportait sans avoir rencontré personne, sinon un poulet qui fuyait devant ses bottes en caoutchouc noir.

Catherine et Henri ne souhaitaient pas rester un jour de plus après le départ de Nathalie. Ils nettoyèrent la maison tous trois ensemble. Alors qu'une tristesse s'emparait lentement de Nathalie à travers cette obligation de tourner les clefs dans les serrures et de fermer les volets, une sorte de folie au contraire déchaîna les deux autres... Henri arrivait par surprise derrière Catherine, lui soulevait la jupe et la lui rabattait sur les yeux... Elle se lançait à sa poursuite et le faisait hurler de peur en jaillissant de la cuisine... Ils freinaient les tournants abrupts de leur course en s'accrochant au passage au bras de Nathalie qui tournait sur elle-même et dont ils se servaient, l'un devant, l'autre derrière, s'envoyant piques et coups de patte, comme d'un bouclier. Elle alla vider la poubelle et porter la clef de la maison à l'endroit convenu.

Le train n'était pas encore entré en gare lorsqu'ils arrivèrent sur le quai. Nathalie se laissa tomber sur le banc contre le mur en crépi jaune des Renseignements. Le soleil continuait d'être fort. Bras dessus, bras dessous, se tordant de rire pour un rien, traînant leurs savates et les cheveux sur le nez, Catherine et Henri s'en allèrent lui acheter sandwiches et journaux. Nathalie ferma les yeux, le soleil recommençait à lui mordre la peau, elle entendait comme dans un rêve le roulement des chariots et les battements d'ailes des oiseaux pris sous l'auvent, la grosse aiguille de l'horloge juste au-dessus de sa tête qui se déplaça d'une minute, le soupir des trains en partance, le refrain en écho d'un ouvrier siffleur, la résonance immense de toute une gare telle un chantier du Grand Siècle où s'agitaient des petits hommes... Une mouche vint tout à coup se poser sur sa figure. Elle la laissa marcher le long de son front brûlant et suivit en pensée son trajet ; elle sentait la légèreté de ses pattes, sa petite trompe qui l'embrassait à plusieurs reprises sous le soleil...

La mouche avait relevé une aile et, frottant ses deux pattes de devant l'une contre l'autre, faisait sa toilette. Elle fit le poirier et frotta également celles de l'arrière-train. D'autres, prévenues de l'aubaine ou voyant qu'elles avaient la permission, se joignaient insensiblement à la première, et certaines se chevauchaient en grésillant de joie.

Catherine aperçut de loin la figure noire de mouches de sa sœur, elle poussa un cri d'hor-

113

reur et courut vers elle en tapant des mains. Les mouches s'envolèrent avec mauvaise volonté mais elles continuaient à tourner autour de la tête de Nathalie qui pensait avec émotion sous ses paupières fermées : « Elles me regrettent... » et elle trouvait bon de se sentir convoitée.

Catherine embrassa sa cadette.

— Il est possible que Jeanne ait quitté l'appartement, lui dit-elle. Où qu'elle soit, demande-lui de te garder quelques jours, le temps que nous revenions. Tu choisiras ensuite où tu veux habiter.

Nathalie passa des bras de Catherine à ceux d'Henri. Il lui déposa avec application un baiser fraternel sur chaque joue, qu'elle reçut avec indifférence.

— Tu n'es pas allée dire au revoir à ton amie ? dit Henri qui ne savait pas quoi dire et dit justement ce qu'il ne voulait pas.

— Quelle amie ? dit Nathalie.

— Eh bien, Liliane !

— Je n'ai aucune amie de ce nom-là, répondit-elle.

Elle fit tout de suite un sourire à sa sœur pour lui montrer qu'elle allait bien et monta dans le train.

— Liliane lui aura fait une crasse, murmura Henri tandis que claquaient les portières.

Nathalie avança dans le couloir, dégagea le cou, ne perdit rien d'elle-même dans le sens de la hauteur. Elle était bronzée et remontait la France par le rail, à la rencontre de sa vie, d'un hiver un peu différent pour la première fois, de sa condition nouvelle au milieu de ses sœurs. Car, si la disparition de leur mère et le départ de leur père avaient fait d'elle une orpheline, de ses sœurs il lui semblait que ces événements avaient fait deux femmes...

Elle s'arrêta devant un compartiment habité déjà d'un monsieur endormi et d'une religieuse d'autant plus douce qu'un duvet blanc couvrait entièrement sa figure de jeune fille. Il frissonna sous la levée du vent lorsqu'elle poussa la portière coulissante. La Sœur se dérangea comme un homme dès qu'entra Nathalie, lui offrit un sourire confondu et l'aida à poser sa valise sur le fauteuil. Sa robe faisait un bruit fou comme si la cornette n'était pas seule à base de carton. Une de ses épaules molles, happée par le mouvement rotatif des leviers et des pistons, s'élevait un peu comme une aile coupée, d'une manière gênante... Le silence et le calme tombèrent dans le compartiment. Cependant la religieuse souriait en permanence et sa béatitude enveloppée attirait le regard de Nathalie malgré elle. A peine la religieuse avait-elle rencontré ses yeux qu'elle lui destinait le rose émerveillé de ses lèvres, hochant la tête d'un air qui semblait dire : « Vous êtes là... Et je suis là... Et le soleil entre par la vitre... Et nous sommes en vie... Que c'est joli tout ça, que c'est joli... Quelle chance nous avons, oui, quelle chance... ! » La gratitude de cette fille de Dieu refleurissait pour si peu de chose qu'elle parut vite à Nathalie caractérielle... Un soupir de leur compagnon, un brusque tunnel, des enfants agitant leur mouchoir sur un talus, la clochette du premier service dans le couloir, le ralentissement des wagons le long des travaux, la moindre manifestation de vie bouleversait ce visage qui n'avait qu'une possibilité d'accueillir toutes ces émotions : les faire confluer au sourire déjà là, qu'exprimait en premier sa bonne nature. Submergée, Nathalie prit le parti de l'ignorer, elle détourna définitivement les yeux du côté du paysage et du dormeur et lui permit seulement de la dévisager.

116

Elle avait souvent cru remarquer qu'une religieuse de hasard chez qui tout était douceur et
sourire, à un moment donné, vous faisait un
mal cruel. Mais ce sont choses si fugitives qu'on
les oublie, lorsque la religieuse revenant des
toilettes, de l'arête de sa cornette lui griffa finement la figure au passage. N'ayant rien vu,
rien senti, la Sœur, contente d'être parvenue à
sa place et d'être assise, souriait de nouveau
de toutes ses joues laineuses, ravie de revoir
la belle enfant après quelques minutes d'absence. Nathalie, la main sur la mâchoire, plon-
gea la tête en avant et multiplia les sourires de
souffrance...

14

De l'instant où le train s'était arrêté, Jeanne avait commencé sa marche en sens contraire, doucement le long des wagons, la tête levée, et ses yeux vert sombre intelligents sous ses paupières, que Nathalie avait connus terribles et tranchants d'insolence, se plissaient faiblement exprès pour ce moment particulier de leur vie, avec la même expression perdue et soumise que tous les autres yeux de la foule...

Nathalie, qui l'avait tout de suite vue, frémissait de se voir cherchée par sa sœur Jeanne... Elle était fière de ce que cette personne sur le quai, drôlement habillée et tout en cheveux, fût justement de sa famille, sinon elle l'eût pauvrement suivie des yeux et regardée avec envie disparaître vers l'inconnu, pensant : « Il y en a qui s'amusent, qui ont une vie rigolote... »

Elle lui sauta sur le bonnet comme elle passait devant les marches du wagon. Alors l'admirable visage de Jeanne s'éclaira.

— Te voilà, la Petite, dit-elle de sa voix grave.

Jeanne était à la fois fine et ronde, ramassée, des épaules de noceuse, des seins en poire très beaux à l'avenant, des bracelets blancs partout et des cheveux noir foncé en serpenteaux le long du cou, qui la rapprochaient de la Parisienne de Cnossos... Lorsqu'il pleuvait, toutes les boucles remontaient à vive allure au sommet de sa tête... Elle semblait toujours poussée en avant dans sa démarche par son petit derrière bien placé qu'elle précédait avec une feinte indifférence. Dur, pointu, à la négresse, il terminait le S commencé par la chute des reins dont elle était très fière et qu'elle accentuait par des ceinturons féroces et le port de bottines rouges très cambrées. Sa peau était mate, ses yeux légèrement bridés, elle aimait à être couverte de ces couleurs brutes, un peu théâtrales, qui n'existent dans la nature qu'en plumes, sur certains oiseaux précieux. Son sac à main était une outre molle, qu'elle tenait par la peau du cou comme une bête coupable et qu'elle lâchait dans un coin dès qu'elle arrivait quelque part. Le parfum dont elle se massait le creux de la nuque était de sa création, à base de tabac de Trois Ans, de vieilles violettes, de savon de Marseille, écrasés et liés à l'huile de raisin, longtemps au bain-marie. Cela, disait-elle, lui rendait l'odeur d'un magasin de cravates sur le boulevard de leur enfance où elles allaient se faire offrir des bonbons jamais connus ailleurs par deux femmes dont une fumait la pipe, et qui portaient des boutons de manchettes.

Nathalie avait déjà imaginé en secret la femme libre qu'elle-même serait plus tard, et le tapage amoureux qui suivrait son sillage... Mais, tandis que de jour en jour elle se découvrait de nature timide et sans humour, le genre qu'elle avait mûrement élaboré, elle le voyait poindre spontanément à côté d'elle à travers les premières bottines rouges, en la personne de sa sœur Jeanne... Pour comble de disgrâce, Jeanne apparut non seulement dotée du relief de caractère nécessaire pour oser promener un personnage aussi m'as-tu-vu, mais aussi du corps le plus approprié pour arborer ces tenues d'une jeunesse ironique...

Le rêve de femme de Nathalie se mit à coller de plus en plus étroitement à la peau de Jeanne. Et le soir, dans son lit, lorsqu'elle reprenait espoir de faire à son tour, un jour, son propre scandale dans la mode, Nathalie croyait déjà entendre murmurer : « Elle veut imiter sa sœur... »

Mais Jeanne dépassa en inventions féminines si rapidement et de si loin les idées mises de côté par Nathalie que celle-ci ne regretta bientôt plus de n'avoir pas eu l'âge de se conduire en femme avant elle, et se réduisit à l'admiration.

Ainsi, comme elle avait été, enfant, jalouse de sa sœur Catherine, elle devint, adolescente, disciple de sa sœur Jeanne, se désincarnant insensiblement dans le malheur éperdu d'observer.

Cependant, aujourd'hui, tout en marchant vers la vieille voiture décapotable de Jeanne, elle jetait des regards sur sa nouvelle allure.

— Quelque chose t'intrigue, la Petite ? dit Jeanne de son terrible œil en coin.

— Oh non, rien du tout, dit Nathalie délicatement.

Etait-ce ses talons moins hauts, sa poitrine plus pigeonnante ou sa taille, peut-être, qui n'était plus sanglée par l'éternelle ceinture...?

Ses bras et ses épaules aussi bruns que ceux de Nathalie étaient nus et elle portait au cou le collier d'épines qu'elle s'était fait l'an dernier... Mais sa robe neuve vert Canada traversé de bleu partait en oriflammes autour d'elle de la naissance des seins jusqu'aux chevilles, et dessous disparaissait tout ce qui faisait l'originalité et la beauté du corps de Jeanne... Il semblait même cette fois que son petit derrière aguichant ne la poussait plus en avant comme autrefois, mais que c'était elle qui était obligée de le traîner...

« Après tout, je m'en vais lui dire », pensa Nathalie.

— Je crois que je n'aime pas du tout ta robe, dit-elle.

— Si c'est cela, tu as bien tort, dit Jeanne en riant... Ce sont de ces robes extrêmement chics qu'on ne peut généralement porter plus de quatre ou cinq fois dans une vie...

— Je crois volontiers que tu l'as payée très cher, dit Nathalie, mais elle ne t'avantage pas...

— En effet mon avantage n'est pas dans la robe.

— C'est ce que je veux te dire, appuya Nathalie, cette sorte de tissu flou ne souligne pas comme d'habitude la forme de ton corps.

— Il est plus difficile à une petite chapelle d'abriter à la fois un moine et son baudet.

Jeanne se moquait... Elle sortit une cigarette de son sac et ouvrit la portière de la voiture.

« Tu n'as pas compris ? dit-elle à Nathalie, lorsqu'elles furent assises.

Nathalie la regarda.

« Mais je suis enceinte voyons ! cria Jeanne en riant à gorge déployée.

Un choc violent tout à coup dans l'arrière-train de la voiture les projeta en avant. Aussitôt Jeanne fit marche arrière et rendit le gnon aussi fort qu'elle put.

« A charge de revanche ! lança-t-elle gaiement en se retournant vers le visage sidéré du coupable.

— Depuis combien de temps ? dit Nathalie.

— Trois mois.

— Et tu as un mari ?

— Tu veux dire : est-ce qu'il a un père ? Eh bien, comme le nôtre, tu vois, son père fait le tour du monde. A cette différence près que papa est parti après, et lui avant.

— Alors, tu vis seule ?

Les bras nus de Jeanne juraient joliment au volant de cette guimbarde prise dans les vapeurs de Paris à la fin de l'été. Ses ongles blancs virevoltaient autour des manettes, ses bracelets sonnaient entre eux, sa grosse cigarette fumait dans ses doigts relevés, tandis que son œil aigu passait en zigzag entre ses cils, du rétroviseur au feu rouge, du clignotant sur le tableau de bord au regard fixe d'un visage d'homme arrêté en parallèle dans un embouteillage. On ne savait d'où venaient les feuilles mortes qui traînaient le long du trottoir sous les arbres verts. Il y avait déjà des Noirs qui les balayaient avec l'eau des ruisseaux, les chiens fragiles portaient déjà leur pelisse, et pourtant les femmes mangeaient encore des glaces à la terrasse des cafés.

Jeanne rangea la voiture boulevard Arago.

— Je t'attends ici ? dit Nathalie.

— Non, monte avec moi, dit Jeanne avec un sourire. J'habite là, maintenant.

Jeanne avait laissé l'appartement où elles étaient nées. Celui-là était à son amie Elsbeth, qui venait de se tuer en avion léger. Elle poussa la porte devant Nathalie. Tout un parterre de jeunes gens, de cendriers et de bouteilles s'ouvrit à ses pieds.

15

Et, quand de soir en soir Nathalie vit le tapis se couvrir d'amis, elle pensa qu'elle n'avait jamais vu le spectacle de tant de personnes rassemblées par l'amitié... Toute la journée, chez Jeanne, on sonnait à la porte ; certains avaient la clef et entraient en criant : « Holà ? Djean ? » Une fille venait déposer son caniche. Une autre proposait de faire les courses. Les fenêtres restaient ouvertes sur les marronniers. Jeanne, à la salle de bains, ne voyait pas deux des trois personnes qui étaient passées et déjà reparties.

Nathalie se souvenait de la lettre que son père avait déposée sur le bureau de Jeanne lorsque, pour son seizième anniversaire, elle avait requis la permission d'ouvrir sa chambre et le salon à quelques amis : « Mes filles, avait-il écrit, notre sauvagerie est un choix. Votre mère et moi avons à nous remettre de trop de bruit, de mensonges et de manque d'amour... Vous serez libres, plus tard, de vivre à votre guise. » Jeanne avait claqué la porte et avait passé sa nuit d'anniversaire dans la rue.

Aujourd'hui chez elle, il arrivait qu'elle ne connût pas la moitié de ceux qui labouraient de leurs talons son tapis blanc... Au petit matin, lorsque Jeanne et Nathalie montaient se coucher, il restait souvent un corps saoul en boule sous l'escalier. Nathalie, la première fois, au réveil, avait eu peur de descendre, mais le corps avait disparu. Et sur la table elle avait trouvé un sac de croissants frais.

Nathalie observait surtout les filles, elle les trouvait toutes belles. L'une assise en tailleur avait un rubis rond collé au centre du front et sa queue de cheval molle était posée sur le sol derrière elle. Chaque fois qu'une semelle l'écrasait, Nathalie s'amusait de penser à ce qu'il en eût été avec la queue d'un chien.

Un peu en retrait était agenouillée une immense fille rousse à cheveux ras, hormis une mèche raide taillée en tranchant de guillotine, qu'elle laissait tremper dans ses yeux lumineux... N'ayant pas une apparence de poitrine, elle portait sa chemise d'homme à même la peau, boutonnée devant derrière, et le col orgueilleusement dressé sous son menton encadrait sa faible nuque découverte de deux ailerons pointus. Nathalie la regarda enlever son boot gauche et sortir de ses reins un tournevis miniature... Elle la vit dévisser un à un les clous de son haut talon et de sous le couvercle retirer une petite enveloppe.

— Qu'est-ce que c'est ? dit Nathalie en se rapprochant.

— Cheval, répondit la jeune femme.

Nathalie chercha Jeanne des yeux. Jeanne écoutait un homme gémir sur son travail, son bureau, les gens qui ne le comprenaient pas, la vie qui devenait de plus en plus difficile...

— Tu es allé à Londres, récemment, lui dit-elle. C'était bien ?

Il changea de ton :

— Ah oui, merveilleux, dit-il. Nous avons découvert un restaurant près de Picadilly...

— Et quand tu es revenu d'Espagne, tu étais content ? dit-elle encore.

— Très bien, assura-t-il, très bien, j'ai rencontré...

Elle l'interrompit de nouveau :

— Et quand tu as traversé la Tchécoslovaquie ?

— Ah, ça, c'était divin..., commença-t-il.

— Eh bien, dit Jeanne en riant, c'est simplement que tu n'aimes pas le bureau !

Un enfant de quatre ans dont personne ne s'occupait, était monté sur la table avec ses grosses chaussures, et s'y tenait ostensiblement debout, les bras ballants, attendant qu'on veuille bien le remarquer.

Son jeune père l'avisa.

— Il n'est pas bête, ce gosse, cria-t-il.

Et hop, quittant la blonde qui l'enlaçait, il grimpa sur une chaise.

— Il n'y a pas de raison que vous soyez plus haut que moi, cria la délaissée, et hop, elle jucha ses cuisses sur le piano... Alors son ami sauta de la chaise et escalada la bibliothèque. Le petit restait au milieu de la table, le visage de plus en plus désespéré, se pétrissant les doigts... Personne pour le gronder, pas un secours, pas même le succès d'une fessée, il n'avait étonné personne. Sa bouche s'abaissa, se tordit, les larmes arrivèrent, il tourna ses poings sur ses yeux.

Aussitôt le jeune père le souleva par les aisselles et le posa contre sa hanche aiguë.

— Je veux parler à Maman ! articulait l'enfant.

128

La blonde alla s'accroupir au cœur d'un groupe :

— Qui a une cigarette pour moi ? lança-t-elle.

— Où est le téléphone ? demanda à Jeanne le jeune homme, écrasant de sa main la bouche de l'enfant qui hurlait dans ses bras.

— Par terre, près de la porte, dit-elle.

Il déposa l'enfant.

— Allô, Marc ? cria-t-il au milieu des pleurs en se bouchant l'oreille, passe-moi Christine, s'il te plaît. Comment, elle n'est pas là ? Dis-lui que le gosse veut lui parler... Mais où est-elle ? Bien, je le lui ramène demain.

Se relevant, il buta contre un homme barbu qui répétait : « Je suis un Dieu, elle est à moi. » La petite peste qu'il tenait sous son bras riait éperdument ainsi qu'elle faisait depuis sa naissance, quand elle n'était pas en colère. A la fin, elle lui tira le poil en disant : « Tu es rond. » Il se tut. Puis ils recommencèrent.

Jeanne savait créer quelque chose de rien. Et la petite recherche, le on-ne-savait-quoi, qui portait toujours un coup à l'âme, dont elle avait commencé par animer son propre corps, s'étendait jusque sur les murs de sa maison. Elle les avait habillés de sacs à pommes de terre décousus, agrafés en losanges distendus et peints en blanc, dont elle crêpait régulièrement au peigne la peluche et les poils de trame qui avaient bu la gouache, en de chics petits moutons grimpants... Çà et là, des débris de glaces anciennes et des cartes de géographie où il y avait plus de bleu ciel que de terre, doublaient la toile. De vieux lampadaires américains montés sur bûches, tout en gros plis bouffants de tissu jaune tabac et rose, éclairaient faiblement les deux canapés couleur forêt et cloutés d'or, où l'on pouvait allonger les jambes... Par terre, le tapis comme un lit et des coussins sans forme. Rien d'autre à cet étage ne distrayait l'austérité finale de la pièce si ce n'était, là-bas au fond, grandeur nature et plus douloureuse en contre-jour de fin d'après-midi cette maigre négresse de laine enroulée des mains de Jeanne autour de fils de fer lascifs, dont le soleil mourant dans un coin du plafond venait rosir la négritude et qui s'appuyait seule et nue contre le mur, les mains derrière le dos, la bouche rouge en plateau et les yeux gros et malheureux...

Au centre de la pièce, un escalier de fer peint en blanc menait en deux bonds sur lui-même à la cuisine, aux chambres et à la table de travail de Jeanne. Comme on mangeait le plus souvent allongé par terre au premier, Jeanne avait installé un système de poulie et de cordes par lequel descendait et remontait un grand panier à œufs...

Autour de son lit, des livres, des verres, du tabac et des lettres par avion décachetées jonchaient le sol. C'était un vaste matelas à même la terre, bourré de paille, recouvert de soie rouge sombre et encadré sur toute sa longueur et sa largeur par un miroir en angle droit du plafond jusqu'à la plinthe... Pas de drap, seule la célèbre couverture noire toujours en folie sous laquelle n'importe qui pouvait venir se glisser dans la journée, que ce fût Jeanne quand elle ne voulait plus voir personne, un amoureux gelé dont elle n'avait que faire qui y venait pleurer et respirer son parfum, une amie qui voulait fuir un homme jaloux, une autre qui s'y cachait trois jours, toute blanche, le temps de se remettre d'avoir assassiné son enfant.

Le lit d'ami, en revanche, dans la pièce voisine où dormait Nathalie, avait des voiles de nankin qui tombaient d'une couronne de bois fixée au plafond et s'épanouissaient en abat-jour autour de lui.

Nathalie allait s'y coucher, mais, soulevant les draps, elle trouva une frêle fille aux cheveux longs, qui avait de la moustache et bavait doucement dans l'oreiller en tremblant comme un jeune renard malade.

Elle appela.

Jeanne monta avec ses amis, et souleva le drap de nouveau :

— Foutez-moi la paix, dit la petite bête d'une voix rauque et ses lèvres s'étirèrent silencieusement sous l'effort du pleur.

— Ruth, on n'attend plus que toi, dit quelqu'un. Viens, on va te raccompagner...

— Qu'est-ce qu'elle a ? demanda un autre surgissant de l'escalier.

— Elle a trop bu, répondit-on.

Soudain la fille se dressa, les écarta tous et, levant les bras comme si elle pensait voler, elle se jeta par-dessus la rampe de l'escalier.

16

La table de Jeanne était chargée de bois, de lichens, de bougie, de perles, de verre brisé, de fer et de ficelles, d'argile, de bouchons de liège, de poudres de couleurs et de fioles d'émail, de mica, de colle, de cent petits couteaux, pinceaux et instruments à dents, de tout ce que, enfin, les enfants collectionnent. Rien de cela pourtant ne pouvait être confondu avec le réel désordre de cette table, que formaient les pipes sculptées — cadeaux d'amis voyageurs —, les vieux bonbons acidulés dans leur papier transparent, les lunettes de soleil, les étrons de cendres autour des coupelles, les clips et papiers de la Sécurité Sociale, les Kleenex usagés ou la Porsche miniature oubliée par un petit garçon...

Mais aussi bien attrapait-elle sous le feu de l'inspiration ces dernières matières qu'elle cassait, pilait et incluait dans l'objet d'art en train de se faire... D'où, parfois, le côté éphémère de certains de ses joyaux, qu'elle vendait d'autant moins cher qu'ils lui avaient peu coûté en ingrédients, qu'ils naissaient sous ses doigts en deux heures et qu'ils remportaient le succès fou des papillons dans leur courte vie.

Outre les bagues et les bracelets barbares qu'elle façonnait avec humeur en toussant chaleureusement comme un vieil artisan, elle avait inventé un bibelot à mi-chemin du jouet, du tableau et du bijou, qui provoquait la nostalgie germanique des pays de brume et de fées. De même que ses colliers gardaient des courbures larvaires, où les couleurs n'apparaissaient dans le métal qu'en résurgences et les éclats qu'en réponses directes aux trous d'ombres, son bibelot n'était de l'art que par le mystère qu'elle avait réussi à y cloîtrer. Ce n'était en effet qu'une boîte scellée par une vitre, au fond de laquelle le relief, les couleurs étranges, l'alliage et l'alliance de toutes les matières travaillées et fondues par ses mains, devenues abstraites et inaccessibles derrière leur glace, faisaient miraculeusement resurgir en nous la poupée à l'œil pendant, jetée à la poubelle un soir d'enfance, la forêt où plus personne ne répond, les dentelles des messes de mariage, le canard bleu-vert qu'on égorge, la robe à traîne des rois fainéants, la chevalière d'or aperçue au petit doigt d'un jésuite, le premier cadavre d'une horloge en morceaux... Mais si, d'aventure, un malheureux enfant brisait la vitre et plongeait la main dans la boîte, il n'en retirait qu'ordures.

Nathalie passait l'après-midi respectueusement à la regarder travailler.

— Toi au moins, dit tout à coup Jeanne sans lever le nez, tu pourras dire : " Mon Dieu je n'ai gâché aucun des dons que Vous m'avez donnés ! "

Elles rirent, Jeanne renifla et s'essuya les mains au chiffon.

Nathalie se détendait auprès de cette force sereine et de cet esprit de décision qui accompagnaient les pas de Jeanne sur la terre. Comme seul un homme peut apprendre à une femme à dormir le jour levé et à se foutre du ménage qui n'est pas fait, Jeanne enseignait à Nathalie par le seul exemple de sa vie le soulagement de ne plus compter en termes de bonheur. Elle semblait être là, chez elle, comme étaient là les marronniers derrière sa fenêtre, la poussière sur les étagères, le bébé dans son ventre et cette petite sœur qui multipliait

les constats dans son appartement de fille-
mère.

A l'heure seulement où elle se réveillait et
devait sortir de son grand lit, pouvait-on sentir
durablement que tout cela — la façon qu'elle
avait de se jeter tout entière contre le torse de
ses amis pour qu'ils l'enlèvent dans leurs bras
et la fassent tourner dans les airs, sa façon de
prendre un livre et d'avoir envie de le lire, sa
façon de manger, de rire et d'aimer —, tout
cela lui coûtait un peu, comme si quelques instants, chaque matin, une force contraire aussi
tyrannique que celle qui la poussait à se lever
et à vivre, la retenait avec autant d'attraits de
l'autre côté... Et alors son arrachement au lit,
pour aller seulement vers sa vie de plaisir,
avait la beauté du moment où les grands tra-
vailleurs de l'esprit, saisis d'une brusque
paresse pendant laquelle on croit enfin qu'ils
vont fléchir et céder à l'invite, finalement lais-
sent partir les groupes joyeux vers la forêt et
les étangs en disant : « J'aurais été heureux de
faire la promenade avec vous, mais... » et personne, alors, ne sait quel ange les a rattrapés.

Et, comme un homme dans sa solitude masculine relève le col de son veston, courbe ses
épaules dans le froid moral d'une nuit banlieu-

sarde et s'offre à lui-même le feu de sa cigarette, Jeanne vers le crépuscule, quand elle
avait beaucoup travaillé, quand son enfant lui
faisait mal, quand la pluie se mettait à tomber,
quand personne comme il arrive certains jours
n'était venu sonner à la porte et l'embrasser,
Jeanne étirait les manches de ses chandails bien
loin jusqu'aux phalanges, ainsi que portent
naturellement les enfants riches, sortant du
bain, leur pyjama pâle avant le dîner... Longtemps elle avait souffert de la nudité de ses poignets prolongeant les chandails qui duraient des
années. Et, quand elle la voyait aux bras des
autres, cette nudité était pour elle le signe d'un
certain orphelinat, et qu'on fût seulement
orphelin du corps d'un amant ou de celui d'une
maîtresse, toujours elle proposait encore un
fond d'alcool ou lançait l'idée d'une vente aux
enchères de ses habits multicolores, jurant
qu'elle s'en était lassée et qu'il ne tenait qu'à
elle de s'en tailler et tricoter de plus comiques
encore...

... Et ce soir, Nathalie la voyait tirer ainsi
sur ses manches sous l'effet peut-être d'une
inquiétude, d'un léger serrement du cœur, et
humer pour réconfort l'odeur de la peau jau-
nie à ses deux doigts les plus intelligents par-

cheminés par le tabac... Son visage était changé. L'atmosphère de la pièce enfumée où toutes deux laissaient tomber le jour bleuté sans allumer la lampe était belle et triste. Le réveil d'or brillait sur la table basse. Nathalie se souvint du cartable qu'elle devait préparer pour sa première journée de lycée le lendemain. Puis lui revint une image de Jeanne si différente de ce soir, la tête appuyée contre un gros coussin, expirant les bouffées de sa Gauloise en deux traits par le nez, et sa longue poitrine quasi africaine relevée en un balconnet dont tous ceux qui se penchaient un peu avaient pu voir les entrelacs dans la guipure... Des jeunes gens sans arrêt posaient leur main carrée sur son ventre si réussi. Le bébé, bien qu'encore dans les limbes, considéré comme un ami de Jeanne, faisait partie de la fête. Au milieu de toutes les amours qui souffraient dans ce salon, Jeanne lui était apparue comme une reine qui échappe sans regret au destin ordinaire. Cependant, fraternelle, Jeanne regardait avec compassion les femmes qui en étaient réduites à remuer un sac, à évoquer le lendemain pour donner à leur mari l'idée de l'heure et du retour vers la maison...

Et elle regardait tristement aussi les hommes

qui, quoi que fissent les femmes fatiguées
— qu'elles demandent à être raccompagnées
ou qu'elles partent seules sans crier gare —,
se sentaient de toute manière mal aimés...

...Et elle les voyait aussi se détourner impa-
tiemment d'une épouse en verve... Comme si
leur pudeur éprouvait que la femme, même en
bégayant, en dit toujours trop, car viennent
se mêler à son propos naïf la sueur de son âme
et la respiration gênante de tout son corps de
femme, traversé de soupirs et d'aspirations.

... Et elle s'entendait en même temps appelée
faiblement par un jeune homme mou, dont elle
connaissait le sentiment. S'il avait été un
enfant, elle l'eût déjà flanqué au lit.

— Jeanne !

— Quoi ? avait-elle dit enfin, lui accordant
son attention sévère.

— Eh Jeanne, tu as vu le sac, là ?

— Eh bien ?

— Il est beau, tu ne trouves pas ? avait souf-
flé le jeune transi au bord de la défaillance.

... Et en même temps elle apercevait aussi
celui dont les yeux discrets alternativement
allaient de Nathalie à elle, comme s'ils pour-
suivaient dans leurs deux visages en mouvement les indices de filiation.

139

— Qui était..., commença Nathalie, rompant le silence.

— C'est un peintre, enchaîna Jeanne dans la même pensée. Je l'ai rencontré chez le potier. Je l'ai invité.

— Il m'a demandé si tu vivais avec quelqu'un, dit Nathalie.

— Et qu'as-tu dit, malheureuse ? cria Jeanne.

— J'ai dit oui. Avec moi.

17

Henri n'aimait pas que Catherine rendît visite à sa sœur, à moins que ce ne fût dans le but de reprendre Nathalie dont il se croyait le responsable par la grâce de l'argent que lui avait confié son père, et pour laquelle, pensait-il, fragile et nerveuse comme elle s'était montrée, les raouts de Jeanne étaient malsains. Sa propre femme lui était chaque fois renvoyée de ce lieu, le rouge aux joues, la voix haute, l'esprit ollé-ollé, décidée à débarrasser de tous ses meubles l'appartement de la famille qu'ils avaient été pourtant bien aises de reprendre, et à gagner sa vie « comme Jeanne », mollement étendue sur des tapis afghans... Il lui fallait régulièrement deux nuits, disait-il, pour lui rabattre son caquet et lui rendre tout son bon sens. Chagrine de surcroît de n'être pas encore enceinte, Catherine refoulait dans sa gorge les comparaisons entre la vie de Jeanne et la sienne, tandis que sa tête et son cœur, pendant les silences domestiques, lui élevaient un culte privé. Et qu'un mot d'Henri, un soir de jalousie, condamnât son idole une fois de trop, la douce devenait bec et ongles et pleurait.

Henri, pour tout cela, et depuis la querelle qu'il avait eue avec l'Artiste, comme il l'appelait, ne paraissait plus chez elle, gardait l'argent en gage et se contentait d'écouter à table, à condition qu'ils fussent modérés, les récits de Catherine sur cette faune sans intérêt. Grâce à Dieu pour Catherine, la profession d'Henri l'envoyait en province deux fois par semaine, et elle pouvait attendre le jour et l'heure de son retour en compagnie de ses sœurs.

Catherine était donc là, à une heure de l'après-midi, à demi nue, essayant l'un après l'autre les habits de jeune fille défunte que lui passait Jeanne et dont le poids faisait vaciller les chaises alentour. Leurs bols à déjeuner, le paquet de cacao, la casserole d'eau, le sucre, la boîte de corn-flakes, traînaient épars sur le tapis. Jeanne, coiffée comme l'épouvantail dans la bise, comme la Pompadour si elle avait dormi avec sa perruque, n'avait même pas fait sa toilette et portait encore son tee-shirt noir de la nuit qui lui moulait le ventre et les reins jusqu'au ras des cuisses.

Lorsque la sonnette retentit :

— C'est la Petite qui rentre du lycée ! cria Jeanne en volant à la porte.

Catherine, plantée au cœur du salon, sentit un courant d'air souffler sur ses jambes nues et elle n'entendit pas les cris escomptés.

— Excusez-moi, je vous dérange à cette heure-ci, disait une voix masculine.

— Non, pas du tout, répondait Jeanne gravement, je vous en prie, venez... Votre prénom est André, je crois... J'espérais aller chercher mes terres cuites aujourd'hui... Voici Catherine, ma sœur aînée.

C'était le peintre. Catherine et Jeanne se relayèrent auprès de lui, afin de pouvoir à tour de rôle se laver les dents et s'habiller. Discrètement, comme au théâtre à la fin d'une scène, chacune en se retirant emportait un objet, un habit, une chaise, pour changer le décor.

Jeanne fit du riz à la tomate pour Nathalie dont la classe reprenait à deux heures, et tout le monde en mangea.

Le temps était gris, à travers les vitres, elle voyait, par rafales, le vent secouer les dernières feuilles. Le fil de son ourlet défait, le long de sa jambe, et frisé dans la forme que lui avait donnée l'aiguille s'ajoutait dans sa tête au côté imparfait de cet appartement et la rendit triste.

André n'était, dans sa présence, ni gênant, ni pesant. Il était curieux d'elles trois et tout à fait naturel. Jeanne augmenta le chauffage et mit un foulard rose vif autour de sa gorge. Elle se touchait machinalement la poitrine dans ses allées et venues. Elle fut tout à coup persuadée d'avoir fait une grande peine à Nathalie en lui parlant un peu autoritairement et lui écrivit en vitesse avec le crayon de la cuisine sur un coin du buffet un mot d'amour à propos de son petit nez rouge. Il lui revint en même temps le son qu'avait fait une tape sur la tête d'un bébé aux yeux bleus, lancée par la mère d'un revers en pleine rue, la résistance d'un chien repoussé qui n'en comprenait pas la raison et dont toute l'innocence était concentrée dans la truffe, l'expression de son ami Paul qui avait déjà levé gaiement son pied sur la musique au commencement d'une danse et qui reçut en pleine figure la laideur de sa colère, le profil marmottant et auréolé de poils dans la lumière du pays portugais d'une vieille et grande femme assise au pas de sa porte, qui avait été prix de Beauté...

André avait bougé dans ses habits. Il était levé, il marchait de long en large, les poings dans les poches au fond desquelles, en triturant le trousseau, il faisait sonner des clefs entre elles. Elle reconnut la marche du départ du fils qui a mille choses à faire au-dehors et ne sait pas comment quitter la chambre lourde de sa mère. Il tourne, et traîne, fait du bruit avec ses pieds, joue avec la monnaie dans son pantalon, et toujours la mère, assise dans l'éternité, l'écoute et le regarde du fond de sa vie... Elle embrasse sa silhouette et se grise d'observer les habits qu'il emporte sur lui là où il va. Ce n'était rien, pensait-elle, ces habits du peintre André, qu'un jean noir et un chandail pétrole sur un corps de trente ans. Mais ces habits-là lui parlaient du boulevard Saint-Michel, des petits escaliers d'immeuble où l'on attend tapi dans l'ombre la preuve d'une tromperie, des téléphones sur les comptoirs de cafés, du bruit d'un marché couvert, tôt le matin, entendu dans la sueur d'un lit nouveau... Quelque chose de tout ça la prenait âcrement à la gorge comme si elle avait encore quinze ans et l'interdiction de toucher aux magnifiques saloperies, de se mêler aux grandioses faiblesses. Et ces habits-là lui faisaient le choc que fait aux femmes dans la journée la rencontre imprévue de l'homme qu'elles ont laissé nu le matin, qui entre-temps a repris sa parole, ses habitudes, sa vie particulière, s'est vêtu de tons et de matières qui lui vont bien et le présentent de par les rues et les bureaux.

Alors ce ventre, avec lequel elle venait de se croire aussi caricaturale qu'une vieille dame portant une bonbonnière sur les genoux, lui parut être une force.

Elle redressa la tête convaincue d'être une chatte persane devant un chat de gouttière. Et comme il s'apprêtait à suivre Catherine dans l'escalier, elle mit une patte sur son chandail pétrole.

— Restez, dit-elle.

18

A peine furent-ils seuls, Jeanne tourna le dos au peintre André.

— Excusez-moi, dit-elle, partant comme une flèche au fond de l'appartement. Vous êtes libre de décamper.

Sans répondre, il prit le bord des rideaux, tint bon devant leur résistance et les tira le long de la tringle sur les trois premières heures de cet après-midi. Jeanne derrière lui avait retraversé la pièce de part en part et se reposait contre un mur. Baissant ses longs cils vers le bout de ses chaussures, il se défit de sa veste de coton avec gêne et maladresse. Il l'entendit repartir en diagonale et foncer sur le mur opposé. Il se retourna. Leurs yeux brillaient dans la pénombre. Ils avaient en commun dans les oreilles le roulis de l'ascenseur sur ses câbles le long de la cage de l'escalier.

« Avez-vous jamais vu une femme enceinte ? souffla-t-elle.

Il dut l'arrêter en plein élan, comme elle écartait les narines prête à courir de nouveau dans la pampa, et la clouer sur le mur entre ses deux bras tendus.

— Non, lui dit-il, jamais je n'ai vu ça... Voulez-vous me montrer ?

Sous son chandail relevé, elle tira sur les nœuds et fit aller et venir ses mains dans les lacets croisés qui élargissaient la ceinture de son jean vert pomme, tandis que le peintre suivait ce travail de camériste.

« Où sont vos parents à toutes les trois ? demanda-t-il, les yeux posés sur son ventre.

Il s'agenouilla, plaça ses mains de chaque côté du nombril de Jeanne ainsi qu'Atlas portait le monde, et la fit tourner doucement sous le compas de ses lèvres embrassant dans un même baiser circulaire son ballonnement de jeune négresse libre, ses hanches parisiennes, ses petites fesses serrées... Entre les doigts qui lui imprimaient son mouvement de rotation, Jeanne, le visage et les yeux tendus vers le ciel, donnait de faibles coups de reins et, tel le vase sur le tour du potier, s'élevait de plus en plus haut sur la pointe des pieds, appuyant ses paumes au sommet de la tête en désordre de cet inconnu.

Bientôt, elle voulut rester le dos tourné, les mains au mur, son pantalon sur les chevilles.

Il se releva et s'appuya contre elle.

« Tu cherches l'outrage, n'est-ce pas, chuchota-t-il.

Sous les fenêtres le vitrier passa, agitant sa clochette. Les klaxons des voitures leur parvenaient comme en Orient dans l'ombre claire de la chambre où l'on a chaud et où l'on marche nu, tandis qu'au cœur de l'obscure poche ovale dessinée sur le mur par le dos voûté de l'homme et que secouaient les tremblements de la métamorphose, Jeanne la travailleuse semblait accomplir les efforts syncopés du lépidoptère se dégageant de sa nymphe poisseuse, dépliant, défripant, faisant jaillir, entre deux secousses, une aile, puis l'autre... Mais dehors c'était l'hiver. Les femmes sans profession allaient avoir fini leurs courses, se groupaient avec un peu d'avance à la sortie des écoles, un chausson aux pommes dans du papier de soie à la main, et laissaient la place dans les rues aux hommes et aux femmes des bureaux qui commençaient à sortir de tous côtés.

Le peintre André regardait dormir Jeanne

dans ses cheveux, à la renverse contre lui sur
le tapis. Sans bouger, il tourna les yeux vers
le fond de l'appartement et étudia les formes
environnantes. Les reflets des voitures sillon-
naient le plafond. Il entendit un frottement sur
le palier de l'entrée et deux lettres apparurent
sous la porte.

« A quelle heure votre petite sœur rentre-
t-elle ? demanda-t-il.

Nathalie, dans l'escalier qu'avaient connu ses
parents, s'aperçut qu'elle n'aimait plus revenir
à cet appartement auquel il l'amenait doucement comme autrefois. Elle y trouvait installé,
jurant dans le calme des meubles et du passé,
l'amour malheureux de Catherine et d'Henri.
Tantôt ils s'ouvraient les bras, criant de joie
de se retrouver alors qu'ils avaient seulement
changé de pièce, tantôt Catherine, les yeux
rouges, soulevait des objets dans ses mains
et les reposait sans se souvenir de ce qu'elle
avait voulu en faire, pendant qu'Henri dans
un coin n'avait plus la force de saluer Nathalie.

A l'instant où elle entra avec son cartable,
sa sœur, penchée sur la table au-dessus de la

valise béante d'Henri de retour de voyage, décollait entre deux ongles du revers d'un veston la pointe d'un cheveu couché dans la laine. On entendait l'eau couler fortement dans la salle de bains. Elle le tirait, n'en finissait plus de le tirer, son bras s'élevait si haut qu'elle semblait filer une quenouille invisible, et suspendu dans la lumière, tout frissonnant et sans aplomb, apparut l'interminable cheveu blond. Sans un regard pour la présence de Nathalie, Catherine s'élança vers la salle de bains et ouvrit grand la porte.

Henri était nu et surpris sous la douche.

— Quelle perte pour Marie ! s'écria Catherine avec ferveur, en lui tendant le cheveu sous l'eau. Oh, je t'en prie, rends-le-lui, c'est tout ce qu'elle a de bien.

Et elle prit la fuite.

Henri et Nathalie s'aperçurent dans le tunnel des portes ouvertes.

— Qu'est-ce que ça veut dire ? rugit-il. Et d'abord, ferme cette porte, je ne supporte pas d'être attaqué !

A peine Catherine eut-elle lancé la porte qu'il surgit, entortillé dans une serviette, aplatissant sur le parquet ses grands pieds nus des vacances.

« Qu'est-ce qu'elle fait là, Nathalie ? dit-il.

— Elle a des affaires à prendre, dit Catherine.

— Eh bien qu'elle les prenne une fois pour toutes, s'écria-t-il, ça ne va pas, ça... Il n'y a aucune raison qu'elle garde la clef d'un lieu où nous vivons.

« Tu as un lit ailleurs, dit-il en se tournant pour la première fois vers Nathalie. En attendant le retour de ton père, tu n'as qu'à sonner comme tout le monde.

— Tu me retires tout, alors ? s'écria Catherine, la danse, mes sorties chez Jeanne, et maintenant Nathalie ! Tu veux que je vive recluse, Henri, c'est bien ça que tu veux ? Pendant que toi tu séduis toutes mes amies ?

Sa voix s'étrangla.

Nathalie, au milieu des cris, déposa sur la table cette clef de son passé qui lui avait permis tous les jours après l'école de rentrer chez elle, et ses premiers mots étaient : « Maman est là ? » Puis elle décrocha le manteau de sa sœur et revint lui prendre la main.

— Viens dîner chez Jeanne, viens avec moi, murmura-t-elle en la tirant doucement.

— Non, dit Catherine, reprenant sa main, rentre vite, toi. Ma vie est ici, maintenant.

Rendue à la rue, Nathalie souffla le trop-plein de son étouffement. Un autobus au passage l'obligea à remonter sur le trottoir. Il fut suivi de vent. On lui demanda l'heure. Des hommes traînaient dans les charcuteries illuminées en montrant du doigt des petits raviers et des terrines, un faux jour bleuté baignait les crémeries, les kiosques des journaux avaient allumé à l'avant leur lampe-tempête, deux amoureux un peu plus loin ne parvenaient pas à se quitter, Jeanne à la maison l'attendait comme une épouse qu'elle pouvait faire souffrir, soudain, en ne rentrant pas... Nathalie se promit de ne pas se laisser abîmer par un homme. C'était à peine si, après deux jours passés entre Jeanne et elle, Catherine riait comme autrefois. Elle tenait maintenant la tête légèrement penchée sur le côté, comme si du fond de sa douleur elle entendait mieux de cette oreille-là que de l'autre. Seul un peu gai, un pendentif vif-argent dont elle avait égaré le frère se balançait parfois en clignotant sous le bandeau sévère de ses cheveux, sauvant ou aggravant le déséquilibre de son visage perdu, selon qu'elle l'accrochait à l'oreille droite ou à l'oreille gauche...

Que Catherine et Henri fussent déjà emmu-

rés, elle l'avait senti au ton humiliant et paren-
tal sur lequel Henri accueillait la jeune fille
nouvelle qui s'était formée en dehors d'eux et
dont elle était fière d'offrir enfin le visage...
Ils paraissaient être insensibles à tout autre
paysage que celui de leur incendie intérieur,
soit que les flammes les obligent à combattre
côte à côte, soit que chacun constate, isolé dans
le silence et le calme revenus, la plaine déser-
tique, noircie, où rien apparemment de ce qu'ils
avaient planté ne pourrait plus pousser. Cette
odeur de renfermé qui se dégageait d'eux lui
disait combien, depuis qu'elle les avait quittés
à la gare d'Arles, ils s'étaient peu enrichis,
tandis qu'elle avait connu tant d'autres physio-
nomies, tant d'autres formes de vie, qu'elle
avait croisé des regards pleins d'appels, que le
succès dans la rue avait fait voler sa robe et
que les premières galanteries avaient éveillé
au fond d'elle des ondes croissantes... Ces
ondes continuaient de s'élargir et, rayonnant
jusqu'autour d'elle, elles avaient progressivement réglé au pas de femme sa démarche enfan-
tine, tout comme si elle venait seulement de
comprendre le mouvement nécessaire pour que
ne tombe plus autour des chevilles le cer-
ceau qu'on fait tanguer sur sa taille au prin-

temps dans les squares, devant les garçons, et dont, plus savante à présent, elle se passait pour ne plus faire admirer aux chauffeurs de camions appuyés sur leur klaxon que la valse des hanches.

Rêveuse, jurante et séductrice, avec deux heures de retard, Nathalie pénétra chez sa seconde sœur.

Le peintre André se tenait là, une robe de chambre rouge par-dessus son pantalon, les jambes croisées derrière le bureau où étaient étalés des papiers couverts de craies pastel et, au milieu de son nuage de fumée, Jeanne à califourchon sur sa pantoufle, une main passée dans sa chaussette, sifflait à tue-tête comme un serin.

19

Matin après matin, avant de s'enfoncer dans
la nuit et le froid vers le lycée, Nathalie se faisait violence pour s'arracher au spectacle qu'ils
offraient avec sans-gêne dans le tumulte de la
couverture noire, à travers la porte grande
ouverte. Jeanne et André dans le sommeil se
foutaient de leur apparence comme ne s'en
foutent même pas les morts à l'heure d'entrer
sous la terre. Comme tous les grands amoureux
ils prenaient le risque d'être stupéfiés pour
l'éternité, fût-ce par une subite coulée de lave,
par le courant d'air qui fixe les grimaces, prédit
depuis toujours par les mamans du peuple,
ou par un simple arrêt du cœur. Mais entre
toutes les victimes retrouvées, Jeanne et André
eussent donné à leurs visiteurs la plus impéné-
trable leçon. Imbriqués l'un dans l'autre, le bras
d'André passé par-dessus la tête de Jeanne et

lui partant magnifiquement du front en aigrette sur l'oreiller rouge, les sombres boucles des cheveux de Jeanne comme un harnais de rênes et de licous accrochant par les aisselles le peintre André sur son dos, ils paraissaient filer dans ce chariot, yeux fermés à travers l'univers intersidéral à une vitesse qui n'avait d'égale que la totale immobilité de leurs corps. Peut-être un matin n'en reviendraient-ils plus... Il semblait à Nathalie que, là où ils allaient tous deux la nuit, il n'y avait pas la moindre place pour un souvenir de visage, d'objet ou de couleur appartenant à leur petite vie à trois de tous les jours, où elle-même avait mis tout son cœur et tout ce qu'elle possédait. Elle en éprouvait à la fois le respect qu'on a devant les destins plus grands, la tristesse de penser que peut-être déjà lorsqu'elle rentrait du lycée ils avaient hâte que la nuit tombe, et la jalousie inspirée depuis toujours par le sentiment qu'une certaine somme de bonheur et de jouissance était présente dans le monde pour qui avait l'art et l'audace d'en user — et ce ne pouvait être que toujours les mêmes... Justement, deux sœurs sur trois avaient déjà entamé, différemment mais à pleines mains, la part revenant à leur famille, et elle soupçonnait, par elle

157

ne savait quelle disgrâce, quelle incapacité, quel sens de la vanité parfois, qu'il ne resterait peut-être pour elle, du bonheur, que son rêve...

Et comme dans une mandarine ouverte deux quartiers jumeaux collés ensemble, les corps incurvés de Jeanne et d'André se mettaient à tourner lumineusement au centre de la prunelle fixe de Nathalie. Sur ce même matelas où Jeanne toute seule se trouvait à l'étroit, elle apparaissait maintenant minuscule dans la mer du lit, avec sa bouée sur le dos. Nathalie, appuyée dans l'embrasure de la porte, entrait dans le premier quart d'heure de retard sur l'horaire de ses cours. Cependant elle retrouvait son calme : comme la plus mauvaise herbe force la terre à s'écarter, pensait-elle ; comme les petits des bêtes et des femmes poussent leurs mamans pour s'installer là où elles sont ; comme les océans s'arrondissent autour de l'avancée des terres ; comme toutes choses qui s'accueillent, s'épousent et vivent les unes des autres dans la menace qui veille, André, aussi seul qu'elle il y avait à peine quelques semaines, n'avait eu qu'à demander pour avoir une place sur ce matelas. Si à son tour elle venait s'allonger derrière eux, sans doute alors le matelas s'agrandirait-il encore... Elle n'aurait eu qu'à le vouloir. Mais l'hiver, le métro et le lycée pour l'instant étaient son lot.

Elle emportait au moins une consolation dans son trajet : qu'elle pensât à Catherine, à la voisine du dessus détournant son visage de femme trompée, à Mme Bovary ou à Eugénie Grandet... oui, se disait-elle, mais il y a l'amour de Jeanne et d'André !

Elle courait tout le long du chemin du retour, à l'heure de midi, en priant qu'ils fussent encore au lit comme la veille et l'avant-veille... Elle jetait les journaux, le pain, la mortadelle à la pistache, le vin sur le lit, ses chaussures au plafond et plongeait dans les draps avec eux. C'était d'elle qu'ils apprenaient alors le temps qu'il faisait dehors, le montant de la note d'électricité, les premiers vers du Misanthrope, le mauvais esprit de la génération montante, les blessures d'un humain tombé sous une voiture... André lui posait des questions historiques en accord avec le programme, Jeanne était friande de détails grotesques, voulait des nouvelles d'une petite rejetée par les autres et dont Nathalie faisait chaque jour un portrait plus poignant, c'était la fête. Le soir, tandis qu'elle faisait ses devoirs, qu'André était encore à son atelier, Jeanne ceignait son gros ventre d'un tablier prometteur et prenait le cahier de recettes de leur mère. Bientôt l'odeur, puis le goût des crêpes de viande à la tomate mettaient Nathalie au comble d'elle-même. Sans plus aucune retenue, elle demandait qu'on l'aime aussi et qu'on veuille bien le lui dire, elle cachait des dessins comiques sous les serviettes, elle provoquait le moment d'écouter les grands airs d'opéra... Un dimanche, Jeanne avait ramené avec elle une clocharde et ils s'étaient mis à table tous les quatre de bon appétit. André avait pris conscience bruyamment du privilège de son sexe au milieu de ces trois femmes toutes plus intéressantes les unes que les autres, et portant une main flattée à la boutonnière en charpie de son extravagante robe de chambre, il avait fait faire à la clocharde son premier sourire. Vers la fin du déjeuner, elle avança sa vieille main sur la table à côté de celle de Nathalie. La sienne était pareille à une serre d'oiseau, couverte de taches brunes, de veines, de grumeaux, un véritable paysage. Et ses yeux se portant alternativement de celle-ci à celle, blanche et lisse, de Nathalie :

— Tout pâsse... tout pâsse... dit-elle méchamment.

... Et durant sa vie, à vingt, à vingt-cinq ans,

à trente, à quarante, Nathalie se souviendrait de cet avertissement et se dirait en regardant sa main à la dérobée, toute bronzée, abandonnée sur le drap du lit, à côté de son assiette, posée sur la nappe de la salle à manger, accrochée dans l'autobus à la poignée du plafond... : « Mais que c'est long la jeunesse ! Quand donc la peau commence-t-elle à s'abîmer ? »

Pour l'heure, elle jeta un regard d'appel vers Jeanne. Mais sa sœur se délivrait d'un fou rire en imaginant la tête d'Henri survenant à l'improviste dans leur ripaille.

C'était beau de voir le peintre André couler peu à peu son esprit, sa propre hérédité dans leur atmosphère de caractère familial, et commencer à s'y fondre comme tous les hommes avant lui qui étaient venus se greffer aux filles de leur arbre généalogique. Jeanne et Nathalie connaissaient l'histoire secrète du cendrier bleu, du coussin rond, et elles étaient quotidiennement émues de voir André se lever, les prendre dans ses mains et s'en servir à la suite de leurs ancêtres. Il était de plus en plus savant sur les emplacements des choses de la

maison, n'avait plus à attendre le retour de
Jeanne pour s'emparer de la boîte à couture
fleurie des Tantes et usait de l'œuf en bois
dans les reprises de ses talons et de ses coudes.
Il entrait avec aisance dans leurs vieilles querelles et leurs anciens jeux, avait rendu possible à Nathalie l'aveu de sa jalousie à l'égard
de ses sœurs et s'était mis à rire bêtement des
mêmes sottises qu'elle. Il souriait beaucoup
plus fréquemment qu'il ne riait, comme ne sourient généralement pas les hommes, sans bruit,
d'un sourire éclatant jusqu'aux oreilles devant
lequel on se demandait un moment comment
il allait s'y prendre pour oser revenir en arrière
et rassembler toutes les fines lignes de sa figure.
Il avait encore un visage de fils. Jeanne et lui
s'étaient découvert un semblable orgueil des
lèvres charnues qu'avaient toujours arborées
dans toutes les branches leurs deux familles.
Ils y voyaient un signe de noblesse. Elle avait
trouvé comment le punir de ses méfaits :

— Oh non, pas la figure de musaraigne, sup-
pliait-il devant l'avalement de sa jolie bouche,
et il promettait n'importe quoi.

Il avait une dévotion spéciale pour ses seins
et, comme tous les artistes même s'ils ont été
adorés, il s'était persuadé que sa mère ne l'avait

pas aimé. Jeanne avait compris qu'il ne goû-
tait pas la présence des excentriques qui paraissaient chez elle. L'hiver aidant, elle avait progressivement refermé sa porte, et à l'extérieur
la nouvelle passa de bouche à oreille : « Jeanne
est amoureuse. »

20

A l'intérieur du flot des élèves qui se dispersaient au son de la cloche, Nathalie marchait la tête en feu. Sa plume écrivait encore lorsque le professeur lui arracha sa copie et ça avait fait un long trait à la suite de la dernière lettre. Elle rageait qu'autrui ait le droit de briser ainsi des mouvements de sa vie et de son esprit... Une femme qui n'était rien que professeur demandait : « A quels indices ce poème peut-il apparaître comme le chant de l'amour déçu ? » Aussitôt naïvement, tête baissée, elle gobait l'appât, convoquait tout son être, faisait appel, pour répondre, à ses plus lointaines intuitions, perdant de vue l'humiliation au-devant de laquelle elle courait, soit que cette femme lui sabrât au moment précis où il commençait à monter en elle son plus pur élan, ou qu'elle ridiculisât publiquement la semaine suivante les résultats de sa bonne volonté...

Nathalie dépassa les deux répétitrices du soir, à leur poste de surveillance.

— Regardez cette enfant, entendit-elle sur son passage, elle a des yeux de femme !

Elle releva son menton et sentit au creux de ses reins le poids de leur double regard suivant son éloignement. Au même moment elle aperçut, qui se détachait dans la foule morne des mères et des Suédoises nourries au lait, le visage éclairé du peintre André la regardant venir...

— Je n'espérais pas te voir aujourd'hui ! s'écria-t-elle au milieu de son baiser.

— Tu avais autre chose à faire ? Quelqu'un t'attend ?

— Personne. Je rentrais.

— Tu viens de parler comme Jeanne, dit-il troublé.

Elles accomplissaient en effet un match admirable à travers leurs intonations, leurs œillades et leur vocabulaire bien que Nathalie sût secrètement qu'elle n'aurait jamais la rapidité des reparties de Jeanne. Cependant déjà elle ne mettait plus que ses anciens habits et rattrapait jour après jour le genre qu'elle lui avait laissé inaugurer.

« Jeanne est chez le potier jusqu'à huit heures, dit André. J'ai pensé que, pour changer de notre éternel café, on pourrait aller à mon atelier. Tu ne le connais pas.

— Et mon chocolat chaud ?

— Je pourrais faire du thé...

Elle prit appui sur son bras, il posa aussitôt la chaleur de sa paume sur sa main tachée d'encre et l'entraîna.

— Ne me laisse pas oublier que j'ai une longue version latine pour demain, dit-elle.

— Je t'aiderai à la faire.

— Si tu savais la note de ton dernier devoir...

— Cette veste te va bien, dit-il. Donne-moi ton cartable.

Elle put ainsi glisser son autre main dans la poche du pardessus d'André, et ils pressèrent le pas. Le vent du nord les poussait dans le sens de leur marche. Il avait nettoyé le ciel et purifié toutes les couleurs et Nathalie s'aperçut que pour la première fois il faisait grand jour à la sortie des classes. Sa jupe se balançait dans le prolongement de sa veste noire qui portait encore dans sa doublure des relents du parfum de Jeanne.

Il apporta la théière bouillante presque en dansant. Nathalie tombée sur le divan bas était encore engourdie par le froid. Elle regardait les murs blanchis de l'atelier, les vitres plombées, les pinceaux de grandeur d'homme en bouquet dans un vase de terre. C'était là que le peintre André tenait peut-être caché son véritable tempérament, les reliques de ses voyages, ses opinions de jeune homme, là qu'il rapportait chaque jour après le déjeuner le souvenir de sa nuit passée avec Jeanne et sa pensée d'elle... Les tableaux étaient retournés contre les plinthes, et elle ne voyait de loin en loin, dans leur chevauchement à travers l'atelier, que leur squelette de bois blanc et leur épitaphe sur l'envers de la toile, tracée au crayon bleu. Les franges de sa jupe de laine s'étalaient autour de ses genoux ronds sur la couverture arabe du divan. Elle n'avait plus envie de faire un seul geste dans la douce chaleur qui la prenait et, agréablement picotée dans tout le corps par le dégel de son sang sous les poils de ses laines, elle se laissa servir.

— Tu te plais chez moi ? demanda-t-il.

— Est-ce que Jeanne vient quelquefois ici ? dit-elle dans la poursuite de ses pensées.

— Jamais. C'est un privilège que je te fais...

167

Il sourit violemment. Il s'agenouilla à ses pieds sur le parquet fleuri de taches de blanc éclatées et, levant les yeux de ses bottes jusqu'à son visage, il parut un instant trouver du plaisir à la considérer enlaidie par la perspective ingrate qu'il avait d'elle, offrant au premier plan ses bons genoux serrés et, presque aussitôt après, l'ouverture de ses narines qui étaient pourtant si jolies... Puis il baissa les yeux. Il soutenait son buste d'une main jetée en arrière sur le parquet et son bras tuteur s'était mis à trembler sous la crampe. Mais il laissait orgueilleusement durer cette position.

« Te voir seule me calme, murmura-t-il.

Nathalie buvait son thé. La voix d'André avait changé. Il dit qu'il se sentait, entre elle et Jeanne, perpétuellement dans l'état douloureux qu'il éprouvait enfant, lors des interminables parties de cache-cache en forêt où, pris d'un nouvel espoir et marchant vers un tronc d'arbre, il entendait la voix aimée redire « coucou » dans son dos.

« C'est pourquoi je me demande si je ne vais pas vous quitter, ajouta-t-il rêveusement.

Nathalie se redressa.

— Tu n'aimes plus Jeanne ? cria-t-elle.

— Je l'aime depuis que je t'aime, dit André.

Il rencontra le visage décomposé de Nathalie et se glissa vers elle. Dans le malheur qui leur arrivait à l'un comme à l'autre, ils eurent le besoin de se rapprocher, de se prendre par les épaules. Elle lui donna sa main pour lui porter secours. Il crut aussi qu'il serait plus à l'abri du mal qu'elle lui faisait en l'enfermant dans ses deux bras... Le visage, la grosse voix, l'œil aigu de Jeanne étaient entre eux et ils avaient peur d'elle. Ce qui les réunissait était qu'ils l'aimaient tous les deux.

« Nathalie chérie ! appela-t-il tristement et il cacha son visage contre les jambes paralysées de la Petite.

Elle fut effrayée de voir la tête du peintre André rouler sur ses genoux... Elle n'y touchait pas et laissait ses mains posées à distance de chaque côté. Elle ressentait devant la réalité de ses cheveux, de sa nuque, de ses oreilles qu'elle trouva énormes et compliquées, le choc qu'elle avait eu en voyant de près pour la première fois l'anatomie d'un porc aux poils blancs de l'épaisseur chacun d'un bout de ficelle.

Il releva la tête :

« Je t'ai écrit hier soir, puis j'ai déchiré la lettre, dit-il. Je te parlais de Jeanne sans son passé et sans l'enfant qu'elle porte et cette jeune fille te ressemblait... J'ai toujours rêvé d'une toute petite femme que je formerais à ma mesure, dont je pourrais élever l'esprit aussi haut que je voudrais, et qui sautillerait d'impatience sur ses ballerines, le soir, en me regardant arriver de loin... Jeanne représente bien tout ce dont j'aurais voulu être l'auteur... Seulement, j'aurais voulu que ce fût moi qui lui aie fait connaître ses dons, qui l'aie rendue artiste exigeante ; je l'aurais prise petite, j'aurais répondu à ses questions, elle aurait grandi sous mes yeux, j'aurais vu la poussée de ses seins écarter les mailles de ses drôles de chandails, je l'aurais attendue... Puis c'est moi qui lui aurais fait goûter au plaisir du scandale, qui lui aurais appris à se dénuder et à oser montrer ses épaules tous les jours un peu plus, à dormir dans la journée, à manger les fromages fermentés avec leur peau, la seiche dans son encre, la viande à peine cuite... J'aurais voulu que ce fût moi qui lui aie offert la première vision de l'église de Collioure, le premier coup au cœur pour les maisons de Banyuls, l'arrivée à Marseille par bateau un jour de beau temps, la caresse sur le nez des vaches de l'Aubrac aux yeux cernés, la première saoulerie dans une foule, et même la première déception d'amour. C'est moi le premier qui lui aurais fait guetter derrière son rideau le bruit d'un moteur de voiture, pleurer sur une chemise d'homme... J'aurais voulu que ce fût moi qui aie fait jaillir ses premières colères de femme, qui lui aie baissé la tête sous le robinet d'eau froide ; je lui aurais donné à voir la terreur d'un prêtre qui a perdu la foi dans sa campagne, la tristesse d'un milliardaire, la vieillesse d'un vieillard. Et jour après jour je lui aurais révélé les secrets de son corps, la violence de ma tendresse, les éternels malentendus. Et sa déformation de femme enceinte nous aurait intrigués ensemble comme un cadeau emballé qui nous aurait été envoyé de très loin et à l'intérieur duquel ça bougerait... Elle aurait appris tout cela de moi au lieu de l'avoir grappillé de-ci, de-là dans chaque rencontre qu'elle faisait. C'est trop tard pour moi, Jeanne porte dans sa voix grave toutes les roulures de sa bohème, ses gueules de bois, ses transports amoureux, ses égratignures, les pays qu'elle a connus, elle est belle de tout ce qu'elle sait, elle est la vie même mais elle est perdue parce que personne ne la possède... Toi, Nathalie, quand je te vois le dimanche matin, intacte, pleine d'attentes dans

171

ta chemise de nuit jaune, je crois apercevoir Jeanne quelques années plus tôt et je voudrais te sauver, t'élever, Nathalie, jusqu'à cette image magnifique de la femme faite qu'elle te fait miroiter dans son appartement, mais qui n'est chez elle qu'un reflet du diable...

Il s'arrêta et osa la regarder. Nathalie, assommée, n'avait aucune expression. Il l'attira à lui et cacha son visage dans ses bras. Avançant sa main comme une maman inquiète, il apporta un peu d'ombre sur ses arcades sourcilières dont il devinait que les muscles contractés lui faisaient mal. Elle ne savait plus si c'était lui, plutôt, qu'elle aurait dû consoler, leur chagrin en tout cas était égal. Il voulut voir si elle était bien et si elle s'endormait, il inclina son visage au-dessus d'elle. Elle avait une joue entièrement remontée contre son torse et son œil en était déformé, ses lèvres étaient lâches et molles. Il l'embrassa tout doucement partout sur la figure et il ne faisait pas de différence entre ses joues et sa bouche lorsqu'il reçut le choc de sa tête dans le menton. Il la regarda vouloir dire quelque chose, sa vie était suspendue à ce premier mot. Sans crier gare elle abattit ses mains en pluie sur le peintre André. Désespéré, il la stoppa par les poignets, ils roulèrent l'un sur l'autre, sous lui elle éclata en sanglots. Il fit peser sur elle longtemps le poids de son corps et lui imposa le rythme lent de sa respiration. Quand elle fut calme, il se laissa rouler sur le plancher à côté d'elle et, recroquevillé contre la chaleur de la Petite, il se mit à souffrir.

21

Lorsqu'ils firent du bruit dans la serrure, André et Nathalie n'entendirent pas la cavalcade de Jeanne dans le petit escalier de fer ni les cris de joie qu'elle poussait de son étage avec des variations nouvelles chaque soir à leur retour... Ils avancèrent dans la pièce. Elle était là, assise au bureau, une cigarette au coin des lèvres, les yeux baissés et la tête penchée comme un homme qui réfléchit. De ses beaux doigts à plat devant elle, elle déplaçait et cherchait à ajuster des morceaux de papier couverts de vagues bleues, délimités par leur déchirure.

— Voyons, grogna-t-elle lentement comme à son bonnet : « une femme comme toi... » Il me manque un verbe... « ...l'église de Collioure... », ça c'est avec celui-là... Ah, voilà encore « Jeanne ». Elle intéresse, cette fille-là... Essayons de ce côté : « ...Nathalie chérie... »

Bon. Nathalie est une chérie, ça c'est évident, mais mon verbe ? Mettons que ce soit le début... et que celui-ci, au contraire, aille avec celui-là... J'y suis !... Oui, c'est ça, il y a bien une faute d'orthographe mais le sens y est... Alors, ça nous donne, si je rajoute « déception d'amour » là...

— Jeanne ! hurla Nathalie.

Jeanne s'interrompit. Elle ne leva pas les yeux. Le silence tomba entre eux.

— Monte dans ta chambre, je te prie, dit-elle tout à coup.

Nathalie obéit.

Pendant plus d'une heure, elle n'entendit rien, pas un cri, pas une parole, pas un son. Puis la porte s'ouvrit et Jeanne, les joues creuses, le ventre énorme, apparut dans l'encadrement :

— Je te demande pardon, dit-elle d'une voix brève. J'ai cru que tu étais une petite allumeuse mais il paraît que tu l'aimes, alors c'est différent. Je te comprends très bien puisque je l'aime aussi.

— Tu te trompes, Jeanne, je ne l'aime pas, dit Nathalie tristement.

— Eh bien, viens le dire devant lui. Il veut t'épouser.

175

Brusquement Nathalie tira Jeanne dans la chambre, se jeta contre la porte et la ferma à double tour.

Lorsque à dix heures du soir André, la mort dans l'âme, vint leur demander à travers la serrure si elles n'avaient pas faim, il n'obtint pas de réponse. Le silence était total. Il n'y avait pas même un rai de lumière sous la porte. Il mangea seul, debout dans la cuisine, les restes de la paella et une banane, puis il s'étendit sur le tapis de tout son long pour libérer sa poitrine et réfléchir.

Vers minuit, il remonta. Les chuchotements qu'il entendait se turent mystérieusement au bruit de ses pas sur le palier. L'oppression qu'il ressentait l'empêchait de demander : « Ne me laissez pas..., ouvrez la porte, parlons ensemble... » Alors un peu d'air aurait envahi ses poumons bloqués et il aurait pu crier, mené par la franchise jusqu'au ridicule : « Nous sommes tous les trois malheureux, mais il doit y avoir une solution... Ne restez pas ainsi ! Jeanne ! Nathalie ! Nous nous connaissons si bien, essayons de nous entendre ! Demain, tout

sera peut-être comme avant... Mais qu'est-ce
donc, mon Dieu, de si terrible qui a changé
le monde en quelques minutes ! » Et il aurait
trouvé l'élan guerrier pour enfoncer la porte
ou bien il se serait effondré devant et Jeanne
l'aurait ouverte : alors ils auraient levé un nouveau regard les uns sur les autres, ils auraient
compris que la situation était plus grande
qu'eux et, délivrés de leur amour-propre, des
larmes auraient coulé de leurs yeux sans qu'ils
s'en aperçoivent. Mais il resta enfermé en lui-
même comme elles l'étaient dans la chambre.
Il se détourna et alla se coucher sur le flanc
à sa vieille place sur le matelas de Jeanne. Bien
que ce fût lui qui ait l'usage de l'appartement
et elles qui soient privées de tout, il savait
bien que c'était lui le puni.

Elles avaient fait disparaître la lampe allu-
mée sous le lit. Il y avait maintenant quatre
heures qu'elles occupaient la chambre et
qu'elles avaient mobilisé les meubles et les
objets. Nathalie en tenue de nuit dans les draps
défaits et calée contre l'oreiller avait repoussé
de part et d'autre les rideaux de nankin comme

de longs cheveux à elle qui l'auraient gênée pour suivre des yeux le tournoiement inlassable de Jeanne. De l'autre côté de la muraille dormait l'homme dont la femme meurtrie faisait les cent pas dehors en attendant le petit jour et l'ouverture de la prison.

— Viens te coucher, supplia Nathalie.

Mais Jeanne faisait aller et venir son ombre difforme le long des murs de la chambre, la tête haute, le front serré. Tout entière requise et retirée au fond d'elle-même, elle avait oublié qu'elle était visible, alors que Nathalie la trouvait, dans cette sueur, ce négligé des travaux de force, cette volonté de comprendre, admirable. Elle ne pouvait s'empêcher de trouver beau le spectacle de l'amour qui souffre, qu'elle voyait vraiment de près pour la première fois. C'était une souffrance sèche, sans larmes, qui donnait aux gestes de la femme, à ses mains fiévreuses, à ses pas nerveux et nets, une rigueur de fagot de bois devant lequel toutes les dix minutes craquait l'allumette qui éclairait au visage l'adulte dans la pénombre. Les bagues qui serraient ses doigts tremblants semblaient déjà, dans leur éclat intempestif, des vestiges d'une époque révolue.

« Mon Dieu, pensa Nathalie... Cette petite

oreille qui l'avait suivie dans tous les lieux de sa vie et qui soulevait l'âme rien qu'à la regarder, ces épaules si vaillantes avec leur unique grain de beauté, qu'elle courait montrer à tous les invités avant d'aller se coucher : " Vous avez vu mon grain de beauté ? ", ces bottines qui avaient le pouvoir d'affoler, se pouvait-il que Jeanne ait perdu confiance en tout cela ? » Puis elle se consola en se disant que certainement sa peau avait gardé la mémoire des caresses des hommes qu'elle avait connus, et c'était déjà ça.

Jeanne lui avait posé les questions qui la dévoraient : depuis combien de temps ? Le chocolat chaud ? Parlait-il d'elle ? D'autres lettres ? Et l'atelier ?

Nathalie avait répondu scrupuleusement, retrouvé et donné les plus petits détails... Peu à peu, sa sœur préférée avait tourné ses yeux vers elle comme avant, avait cru en son honnêteté. Elle lui avait offert sa première cigarette, et elles avaient parlé de femme à femme.

— Oui, je te crois, disait Jeanne.

Et puis soudain, à une nouvelle question, Nathalie s'apercevait que la suspicion l'avait reprise.

Elle réussit à l'attirer dans le lit et à lui faire

accepter d'éteindre la lumière. Jeanne écrasa
sa cigarette dans l'obscurité tandis que sa petite
rivale sombrait dans le sommeil.

Nathalie s'éveilla en sursaut : le point de
cendre rouge luisait à l'autre bout de la chambre et avançait dans les ténèbres.

— La Petite ? entendit-elle.

— Oui, dit Nathalie avec obéissance.

— Et le jour où je suis allée à Verrières ?

Nathalie s'assit. Tout recommençait. C'était
douloureux de voir cette sœur si intelligente et
qu'elle croyait invincible se mettre à répéter et
à tourner en rond dans la même idée. Plus fatiguée et plus désespérée, la voix de Jeanne était
moins coupante. Quand elle découvrait une
piste nouvelle, l'espoir la faisait tousser tout
à coup, comme au début d'une matinée.

Avant de se recoucher, elles ouvrirent la
fenêtre et laissèrent s'en aller la fumée. L'air
froid de la nuit les détendit.

— Promets-moi de dormir, articula Nathalie, paralysée par le sommeil.

Lorsqu'elle rouvrit les yeux, Jeanne fumait
et marchait encore... La nuit avait été interminable, mais l'aube était là avec son unique
oiseau maigre.

22

— Irais-tu, de tes pas de loup, nous chercher le Nescafé ? dit Jeanne, découpée entre les rideaux par l'éclairage des réverbères de la rue. Et, le détachant du profil de son corps en arrêt, elle tourna lentement vers Nathalie son visage creusé.

Habituellement, Jeanne était de ces femmes dont la gentillesse et la simplicité font qu'elles touchent facilement le corps des autres et plusieurs fois dans la nuit elle était allée presser le pied de Nathalie sous le drap ou poser un baiser sur son visage parce qu'elle lui avait dit quelque chose qui, sur le moment, lui avait fait du bien. Cependant, dans l'annonce du jour qui venait l'avertir au milieu de sa nuit que tout dorénavant serait différent de la veille, elle apparaissait raide et tendue comme si elle craignait que la lumière ne vienne écorcher encore un peu plus son corps à vif. Et Nathalie,

en voulant attraper sa robe de chambre sur le
fauteuil, sentit que toute une zone autour du
corps de Jeanne se hérissait de défenses invi-
sibles à son approche et que sa sœur reculerait
si elle allait plus loin dans son désir de l'embrasser. Ce fut donc elle qui recula. Elle
renonça aussi à sa robe de chambre et, avant
de disparaître, elle l'assura d'un bon signe
qu'elle reviendrait sans difficultés avec le Nescafé.

Elle prit un temps d'arrêt là où, hier encore
et cela lui paraissait très ancien, elle se sentait
mourir à force de les contempler tous les deux...
André avait oublié de fermer les volets et, enve-
loppé jusqu'aux yeux dans la couverture noire,
sa solitude était répétée par les miroirs dans la
clarté sale des réverbères. Ses deux chaussures
restées sous son nez là où ils les avait quittées
étaient dans leur disposition plus vivantes que
lui.

La tristesse en Nathalie avait fait place à la
nausée. Une vague satisfaction, pendant qu'elle
tâtonnait dans la cuisine, se joignit à ce malaise,
à la pensée que c'était la seconde fois, en
comptant la nuit de vacances pendant laquelle
elle avait couru d'Henri à Catherine à travers
une prairie, qu'elle s'échappait du royaume des

enfants où la nuit est une nuit et le jour, le jour. L'irrespect des heures et des devoirs qu'elles entraînent lui avait toujours paru être l'apanage de la vie d'adulte. Et c'était à tout le moins ce dont elle bénéficiait en préparant, à cinq heures du matin, moitié nue et fatiguée telle une toute neuve maîtresse pour quelqu'un qui l'attendait dans sa chambre, un petit déjeuner sans tartines. Elle pressentait le luxe qu'il y avait à se recoucher pour considérer de haut l'arrivée de la journée jusqu'à l'heure de l'école, où son entrée aurait sur ses contemporaines, réveillées dans l'innocence à sept heures, l'avantage d'un lourd passé... Le plateau entre les mains, elle sortit de la cuisine et tomba sur Jeanne aplatie comme une voleuse contre le mur, habillée de son mouton et de son chapeau tango, une valise au bout du bras.

Prise en flagrant délit, Jeanne retrouva sa voix bourrue :

— Tu vas déjeuner toute seule, la Petite, chuchota-t-elle sévèrement, et aller au lycée. Moi, je pars accoucher. Je te téléphonerai ce soir.

Et elle tendit en avant à la fois sa bottine et son cou pour voir qu'elle la posait bien sur la première marche de l'escalier. Nathalie ne perdit pas de temps à discuter. Elle trouva des habits dans la salle de bains et dévala sans bruit l'escalier. Ses chaussures à la main, elle rattrapa Jeanne dans la rue.

— Je suis ta sœur, lui dit-elle en retrouvant le ton qu'avait leur mère lorsque, fatiguée par l'impertinence de Jeanne, elle disait simplement : « Je suis ta mère. »

Les trottoirs étaient mouillés. Jeanne avait allumé les phares de la voiture et se taisait. Son visage fixe devant le pare-brise s'éclairait par intervalles sous les croisements des feux et Nathalie en retrait dans l'ombre voyait qu'elle avait très mal. Les gestes autoritaires par lesquels elle contraignait cette machine à lui obéir et à avancer formaient, sur ce fond de violence qu'elle retenait en silence au creux de son siège, un de ces contrepoints qui font la poésie des voyous. Ainsi conduisait-elle son propre corps qui ruait de tous les côtés à la clinique, sans compter le bagage d'une petite sœur hypersensible qui, l'œil posé sur son héroïne, se disait intensément : « C'est une sainte. »

Elle se dirigea sans hésiter à travers les couloirs de l'hôpital comme à la rencontre de quelqu'un qui l'attendait là-bas et qui avait besoin de son concours.

— Elle reste ! dit-elle en lançant un regard terrible au docteur qui venait de tendre un bras devant Nathalie, au seuil de la dernière porte.

Jeanne se mit au travail. C'était un devoir qu'elle accomplissait dans la fureur et la passion, les deux bras en arrière, les sourcils joints et les yeux jetant des feux espagnols. Elle poussait et respirait consciencieusement et ses cheveux s'étaient mis à friser dans le labeur comme les jours d'orage. La concentration qu'elle se demandait était si profonde qu'elle devint aussi sourde à l'agitation du monde autour d'elle que lorsqu'elle fabriquait un bibelot au milieu des rires de Nathalie et d'André. La délicatesse retenait Nathalie près du visage de Jeanne et elle suivait les événements en portant alternativement son attention de son ventre à ce visage, lorsque, soudain, un grand bruit d'eau qui lui fit dresser la tête apporta dans la force du flot le bébé qu'elle avait presque oublié. Et Jeanne ferma enfin ses paupières blanches.

— Comment s'appelle-t-il, ce joli bonhomme ? dit l'infirmière d'une voix joyeuse.

— Je ne sais pas... balbutia Nathalie dépassée... On disait toujours Toto...

A ce moment elle entendit un grognement et, revenant à Jeanne, elle vit dans la masse de son corps assommé un œil vivant qui s'était relevé et qui lui décochait une œillade ravie.

« Et papa, que crois-tu qu'il nous dira ? demanda Nathalie, comme si elles venaient de faire une bêtise.

— Es-tu sûre qu'il revienne..., dit Jeanne.

— Repose-toi. Je dormirai chez Catherine, dit Nathalie en l'embrassant. A demain.

— C'est ça, dit Jeanne soudain ressuscitée. Et dis à Catherine de flanquer Henri à la porte, de rapporter toutes mes affaires à la maison, j'arrive avec le Toto ! C'est lui, maintenant, l'homme de la famille.

Le jour entre-temps s'était levé et ce même air neuf et parfumé que Nathalie avait remarqué la veille au bras d'André semblait avoir augmenté la part de l'eau dans les couleurs des arbres, des allées de sable et des kiosques du jardin qu'elle traversait pour rejoindre son lycée. Deux jardiniers poussaient une tondeuse dans la cuvette d'une pelouse, l'un était dans la descente, l'autre dans la montée et l'herbe coupée voletait autour d'eux dans le matin chargé d'humidité. Au-dessus des grilles escaladées par de jeunes types qui repassaient du doré sur les lys, des femmes apparaissaient et disparaissaient à différents balcons sur les façades de la rue en secouant un édredon. Les couleurs sucre d'orge du manège attiraient l'œil derrière les troncs des arbres. Nathalie sentit la faim et la soif lui revenir. Elle se donna pour premier but la fontaine devant les arceaux qui bordaient les buissons. Elle aspira le filet d'eau à l'envers entre ses lèvres arrondies, le vent poussa ses cheveux dans sa bouche, elle ferma les yeux de vertige. Un peu avant la sortie du jardin, elle aperçut de loin dans l'allée une jeune femme agenouillée dans les cailloux face à son petit garçon qui pleurait tout fort.

Le bras tendu, il essuyait les larmes sur les joues de sa maman et au rythme de ses caresses, de plus en plus haut, il répétait :

— C'est pas grave, ma chérie... C'est pas grave, ma chérie... C'est pas grave, ma chérie...!

— Il est tombé ? demanda Nathalie.

— Non, répondit la jeune maman. On s'est disputés.

Mai 1976.

Dans Arle, où sont les Aliscamps
Quand l'ombre est rouge sous les roses
Et clair le temps,

Prends garde à la douceur des choses

P.-J. Toulet

IMPRIMERIE BUSSIÈRE À SAINT-AMAND
D.L. MARS 1985. Nº 8687 (226)

Collection Points

SERIE ROMAN

DERNIERS TITRES PARUS